歴史文化ライブラリー

60

幕末維新の風刺画

南 和 男

吉川弘文館

目次

1　幕末維新の風刺画の特色

(1)　幕末の風刺画

幕政批判の風潮　ペリー来航の翌々年にあたる安政二年（一八五五）十月、江戸はかつてない大地震に襲われた。震源地は江戸湾内で、マグニチュード六・三と推定される直下型の大地震であった。時の落首に、

泰平の世を大変にゆりかえし　上もゆらゆら下もゆらゆら

とある。幕府の権威失墜を地震にかこつけてやじったものであった。

これより以前、幕府は天保改革（一八四一〜四三年）を強行したため、世の中は急に不景気となった。そのため生活困難になった多くの人々を妖怪にしたてて幕政を批判した国《くに》

芳《よし》画「源頼光公館土蜘作妖怪図《みなもとのらいこうこうやかたつちぐもようかいをなすのず》」（天保十四年八月、一八四三年刊）がある。以後これを端緒として、幕閣を批判した風刺画があいついで刊行された。同年九月、改革の推進者であった老中水野忠邦《ただくに》は罷免され、これにともない上知令《あげちれい》などの改革政策があいついで撤回された。改革中と同様に市中取締りの町触《まちぶれ》を忠実に実施しようとする名主を、人々は「悪ル堅キ」ものであるとか「小量もの」といって嘲笑した。町奉行も自分の人気が悪くなるのを恐れて、以前のように厳しく取締りすることはなかった。これらを見て人々は、かつての改革政治を失政とみなしたのである。それは幕府権威の失墜を意味し、人々の幕政批判を高める結果となった。嘉永六年（一八五三）には「当時世上人気悪敷《あしく》、上を敬《うやま》ふ事を不知《しらず》そしり侮《あなど》り、下をしてかみの愁ひを喜ぶことときやから多き」「万事かとかく上ミへさからへ候」（『藤岡屋日記』）といった風潮であった。

大量販売を狙う板元と画工

幕末に風刺画が増加するもう一つの理由が挙げられる。それは天保改革により浮世絵の値段が一枚一六文と制限されたことと深く関連する。一枚の値段が制限されると板元は利益が薄いため、勢い大量販売して利益を追求しようとする。「せちからき世の中の人気にて、兎角《とかく》ニむつかしかろと思ふ物でなけれハ売れぬ」ため、「兎角異様之絵類を板本共《はんもとども》注文いたし候様相成」（『市中取締類集』）

ってくる。画工もまた板元の意向を汲んで、それにこたえようとする。嘉永三年の八月五日、国芳・芳藤《よしふじ》・芳虎《よしとら》・芳艶《よしつや》・貞秀の五人は連名で南町奉行所の隠密廻《おんみつまわ》り・定廻《じょうまわ》りに始末書を取られている。その大要は、絵の人物に不似合な紋所《もんどころ》を入れたり、異様な形をした亡霊に紋所を付けたりしない。そのほか時代違いの武器を取りあわせたり、まぎらわしいものを描いて、とかく人々を疑わせ考えさせるようにもっぱら工夫することは、もってのほかである。たとえ板元からの注文があっても絵師がことわれば、いかがわしい絵ができるはずはないのであるから、慎むようにするといったものであった（『市中取締類集』）。

『藤岡屋日記』によると、嘉永期の江戸で評判となった浮世絵二八点のうち、美人画・風景画・花鳥画・役者似顔絵・武者絵などのように、従来の浮世絵の題材によるものは、わずか一〇点（三六％）にすぎない。浮世絵に時事的なもの、風刺的なものなどの要素が加味されたことにより評判となり、非常な売れゆきとなったものは一七点（六〇・七％）である。右の一七点のうち、約半分は名主の改印《あらためいん》（検閲印）はない。それらはいわゆる非合法出版物である。その大半は最初から絵草紙掛名主の許可が得られそうもない内容のものである。将軍や幕閣を揶揄《やゆ》したり風刺したりしているとして大いに売れたものは一二点ある。その作品数は全体からみれば微々たるものであるが、右のように風刺的であると評判となったもののなかでは七〇・六%という高い数値である。このような嘉永期における新しい傾向——幕政・幕閣批判の風刺画の出現は、そのまま幕末維新へと引き継がれてゆくのである（幕末以前の風刺画については拙著『江戸の風刺画』〈歴史文化ライブラリー22〉を参照されたい）。

(2) 維新の風刺画

戊辰戦争風刺の表現法

慶応四年（一八六八。九月八日明治に改元）正月、鳥羽伏見の戦いから戊辰《ぼしん》戦争は始まるが、この間の政治社会情勢などを鳥獣食物・諸国産物・古戦場・故事・子供遊びなどに擬した風刺画が多数刊行をみた。なかでも維新の内乱を子供遊びになぞらえたものが少なくない（子供遊絵）。子供たちが二手に分かれ、凧あげや相撲・雪合戦などの戸外での遊び、あるいは宝の当物《あてもの》や百物語などの室内遊戯で新政府軍と旧幕府軍の争いを表現したものが多い。

「名物合戦」や「諸色大合戦」は、各地の名物や産物でもって藩名をあらわし、顔をそれぞれの名産物にして二手に分かれて争う構図である。故事では六歌仙や鎌倉時代に擬したものが多い。三月ごろまでの風刺画はおもにこのような表現で描かれていた。その後曾我物などの歌舞伎の場面を借用したものや、国芳の著名な作品を下敷きとしたものなどが出て、戊辰戦争の風刺画はさらに多様性に富むのである。

落首や落書のように言葉での表現と異なり、風刺画は当時の政治あるいは社会情勢を一つの「絵」としてどのように描き、表現するかが重要なポイントになる。その工夫や表現方法自体に画工や板元の意識や感情を窺《うかが》うことができ、興味深い。見落としてならないのは、そこに書き添えられた詞書《ことばがき》である。何気ないような、短い詞書であっても、なかなか的を射たものがある。たとえば鉄砲をかまえて相手側に狙いをつけた新政府軍側の子供の一人は、「むこふハ、たいしやう（大将）がみへねへよふだな」とつぶやいている（「子供遊豆鉄砲の合戦のづ」）。旧幕府軍全体の統一性のなさを、見事に突いたものである。

徳川びいきの江戸

幕末から戊辰にかけての風刺画の大半は、江戸で刊行をみたものである。江戸は三〇〇年近く徳川氏の城下町であった。そのため江戸っ児が先祖代々徳川びいきであるのは自然である。これを裏返せば江戸は新政府軍嫌いとなる。とくに江戸開城前後のころは、とりわけそのような雰囲気が強かった。新政府軍のなかでも薩摩藩は不人気であった。幕府軍への挑発行為として、幕末の江戸で浪士や浮浪の徒に多くの富商宅を襲わせ、夥《おびただ》しい金銀を強奪した行為は、多くの人々の目撃するところであったのが一因であろう。

三〇〇年来平和が続いていた江戸は、一八六八年の春、新政府軍によって占領されるという異常事態となった。被占領下の城下町では、占領軍を快く受け入れるのは困難である。それも占領直後であるほど反感を抱きやすい。したがって戊辰の春から夏にかけての風刺画は、子細に見ると徳川びいきに描かれたものが少なくない。最後まで新政府軍に抵抗し戦った東北諸藩、なかでもその中心的役割を果たした会津・庄内藩を好意的に描いたものは多い。徳川びいきのあらわれである。

右のような江戸の感情を支えるものとして、いわゆる「東国の論理」なるものに共鳴する意識が人々の胸中に存在していたようである。それは旧幕臣たちが主張したことで、今度の戦争はたんなる「私闘」であるとみなす見方である。「勝てば官軍、負ければ賊軍」という言葉は、端的にそれを物語っている。鳥羽伏見で敗北してから幕府側は一夜で朝敵・賊軍に転落し、薩長側が官軍となった。もし戦況が逆の結果であったら、幕府軍は今までのように官軍であり、薩長側は朝敵・賊軍であるという考え方である。鳥羽伏見での敗北により、旧幕臣たちが今まで抱いていた自分たちは官軍であるという自負は、一夜にして崩れ去った。その無念さは旧幕臣たちにとどまらず、広く関東・東北の人々――少なくとも村役人層は、程度の差はあってもともに抱いた感慨であったと思われる。

以上のような風潮があった江戸で刊行をみた当時の風刺画は、同時代の上方で描かれたものとはまったく対照的であった。幕末の京大坂では、長州びいきの傾向ははっきりと認められるが、それがそのまま浮世絵にもあらわれている。しかし当時の上方絵は少なく、しかも風刺というよりはむしろ報道の性格が強いものが多いようである。風刺画をテーマとする本書は、その刊行物が圧倒的に多い江戸を中心として述べる結果となったことを、あらかじめ了承していただきたい。なお、原文引用の部分は、そのままとした。

鯰絵の出現

鯰絵の無断出版四〇〇種

無断出版四〇〇種

安政二年（一八五五）十月二日の江戸大地震では、家屋の倒壊が多く、水戸藩の藤田東湖《とうこ》・戸田蓬軒らが圧死した。火災も五十余ヵ所から発生し被害をさらに大きくした。死傷者も多数に上った。『地震年代記』によると、死亡一三万余、負傷一〇万余であった。

笠亭仙果《りゅうていせんか》の『なゐの日並《ひなみ》』によると、地震のあった二日後の四日には『地震火事方角づけ』が所々で売られていたし、翌五日にはさらにその種類が増加している。『藤岡屋日記』には、日本橋大伝馬町一丁目の品川屋久助が、四日に江戸絵図に焼失場所を色づけして一〇〇文につき六枚で卸したところ、大評判となって増刷が間にあわなかったとある。

また馬喰町三丁目の両国屋庄吉も、半紙一枚半続きの同様の焼失図をだし、一万枚ほど売れたという。そのほか多数の出火場細見記や大錦絵・絵図・大津絵節などが板行の許可をうけるため絵草紙掛名主のところに持ちこまれたが、担当の名主はこれらを不許可にして板木などを没収してしまった。しかしその間、多数の無届出版が横行した。絵草紙掛名主は、絵草紙屋の店先にあるのは無届品ばかりで、許可されたものは店の奥にしまいこまれているのは不届きである、十一月三日以後は発売を遠慮せよと申し渡している。地震後一ヵ月をすぎてもなお地震に関する出版物はさかんに刊行されていたわけであるが、そのなかには無届出版で逮捕されても、銭五貫文の罰金ですむという風潮があったのである。

十一月二日から翌十二月十三日までの、一ヵ月あまりの間に摘発された無許可の板木は三二八種にたっし、表面を削られた板木は四台の車に積むほどであったという。『なゐの日並』によると、これらは四〇〇種にのぼり、なかには一〇板・二〇板と増刻をしたものもあったらしい。それらのなかで鹿島の神を拝する図と、人々が大鯰《おおなまず》をせめ悩ます図が早くから出版されていて、大変に売れたということである。

三職よろこび餅

鯰《なま》絵《ずえ》にはさまざまなものがあるが、ここでは風刺画としての鯰絵についで述べてみたい。

大地震後の復興景気により、建築業などの職人は好況をむかえたが、それを風刺した一連の鯰絵がある。大工・左官《さかん》・鳶《とび》らの職人が喜ぶ図である。鯰男が要石《かなめいし》を片手で高々と持ちあげ、それをみた大工や左官らの職人が双手《もろて》をあげて喜んでいる鯰絵がある（鹿島山要の石持）。鯰が要石を持ちあげたことは大地震を意味し、それを大工らが喜ぶさまを諷《ふう》している。それには「大都会ぶし」と題したものの末尾に、「大当り持丸の金ぐそ、地震のおかげで銭儲《ぜにもうけ》」と記しているのである。「三職よろこび餅」（図1）も、きわめて素直である。詞書に「なまづさん、おめいのおかげて、今年ア、久しぶりで、たわらで米をかつて餅をつきやしたから、たんとあがつてくたせいや〳〵」とある。ここにいう三職とは大工・鳶・左官のことである。日ごろ貧しい彼らが思いもよらぬ好況の喜びをあらわしたものである。鯰を中心に三職らの職人が歌い踊る「鹿島恐」も同様に彼らの喜びを表現したものである。大工は「手間のよいのもきのふけふでござるヨイ〳〵しかししごとはヱロウ長ウござるヨイ〳〵」と唄っている。上部の詞書には「大国のつちうごかして……君の恵《めぐみ》に立かへる、民の竈《かまど》の賑《にぎ》ハひは」とあり、最後に「世直しの地震《なへ》ハいつしか跡もなく、よき事ふれのかしましきかな」とある。地震は世直しであり、民の竈を賑わすものであるというのである。

図１　三職よろこび餅

(東京都立中央図書館東京誌料文庫蔵)

仮宅の遊客は、もっぱら地震により急に景気のよくなった材木屋・車力《しやりき》・大工・鳶・家根屋《やねや》・石屋などで賑わった。したがって家根屋などの職人の酒宴は「あすこにおほぜい(大勢)いるのは、しよくにん(職人)しゆうと見へて、ごふぎ(豪儀)といせい(威勢)のいゝ人たちだ」とうらやましがられるのである(宮田登・高田衛監修『鯰絵』三一六ページ、瓢箪)。

「大鯰江戸の賑ひ」は、大鯰が鯨のように潮を吹きあげ、潮とともに小判や銭を吹きちらし、海岸では人々が喜ぶ様子を描いたものである。その詞書には「鯤鯨《くじら》ハ七里を潤ほし、鯰は四里四方を動かし、諸職の腕を振廻させ自在に儲さするうへ、銭車のめくりをよくして、富貴艸の花をちらし、生芝《おひしば》の芽出しを茂らせ、貧富を交《まじ》へて正斧《しやうきん》を下すとかや」とある。「繁昌たから船」は鯰の形をした宝船(崩れそうな土蔵を帆に描く)に乗りこんでいる職人たちを描いたものであるが、それは左官・大工・鳶などのほか遊女もみえる。その詞書には「なかき銭、とれるつもりてミないさみ、なみよりふへる手間のよきかな」とある。したがって大工らの職人にとっては地震＝鯰様々であるから、鯰を正客として招待し、酒宴をはる風刺画が出現するわけである。

三人生酔と持丸長者の歎き

流行三人生酔

「鹿島の神の利益有て大地震のうらミ有もの此所をもつて要石《かなめいし》補助力ニ而あたうちの図」は、仇討をする人々とその理由が記されてある。すなわち商売（土蔵のうらみ）・武士（主のかたき）・座頭（金のかたき）・子供（親のかたき）・親（子のうらみ）・女房（夫のかたき）・地主（地面のうらみ）・坊主（師のかたき）・諸芸人（我身のうらみ）・客人（なじみのかたき）である。それにたいして左側上部にたむろする一団の人々があり、それには「此人々ハ地しんにぎり（義理）有て、うらみをなすあたわず」とあり、土方・よし原・材木屋・かや家根・名倉（著名な接骨医）・大工・左官などが描かれている。すなわち大地震により多くの人々が悲嘆にくれているなかに、一部の家業の人々は好景をむかえたことを巧みに風刺したものである。
「鯰のけんくわ」（図2）は、一匹の鯰をとりおさえた二人の辻君（夜鷹・隠売女）がなぐりつけているところに、とめ男が入る図である。背景には半壊した土蔵、左手に持丸（富裕者）、中央の職人がとめ男である。

なまず「あやまつた〳〵、もふけつしてゆすりやしねへから、しどいことするな〳〵」。

辻君「かしてくれもねへものだ、あんまりふざけやアがら、蔵の間をふじよふにしたも、てめへのおかげだぞ」。

別の辻君「てめへのおかけて、おいらたちのざしきお土の山にしやあかつた、そのうへでゝきてごた〳〵しやかつちや、ただおくものか」。

持丸「あいつのおかげじや内も土蔵もあのとふりだ、おもさまなくれ〳〵」

とある。

とめ男の職人は「もふかんにんしてやれ〳〵」といっている。被害をうけて怒る辻君や持丸。これにたいし地震のおかげで潤った大工は、留男として描いてある。それぞれの立場を表現して世相を諷したものである。

図2　鯰のけんくわ

(町田市立博物館蔵)

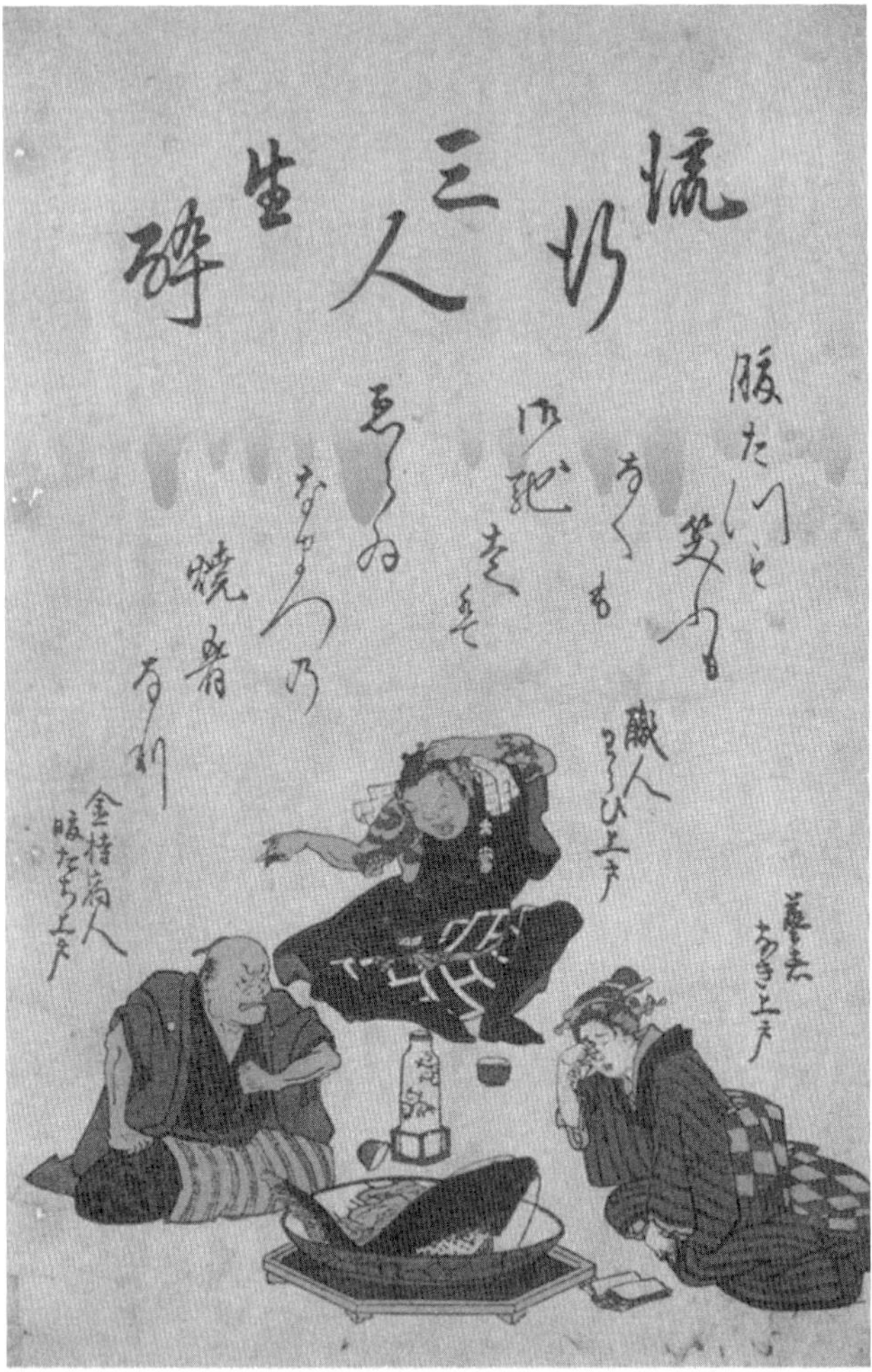

図3　流行三人生酔

（東京都立中央図書館東京誌料文庫蔵）

「腹たつも笑ふもなく（泣）も御馳走は、ゐらゐなまつの焼肴なり」と記した「流行《りゆうこう》三人生酔《なまよい》」（図3）は、数多い鯰絵のなかでも傑作の一つである。芸者なき上戸、金持商人腹たち上戸、職人わらい上戸と三人三様の立場を巧みに描きわけて諷している。それは広く世上の人々を三分し、右の三人で簡潔に代表させたものである。

「江戸大地震当座見立三人生酔」（番付）のなかにも、

○わらひ上戸

○材木屋　○骨　継　○焼場方角　○荒物屋　○濁酒屋

□なき上戸

□米　屋　□蘭　医　□貸本屋　□せとものや　□会席料理

△はらたち上戸

△薪　屋　△本　道　△にしき絵　△小間物屋　△うなぎや

とある。

「大鯰後の生酔」は、三人三様でなく、好況と不況の商売を二分し、集団化したものである。上段を「わらひ上戸の方、儲連中」とし、たちくひ（立喰）・さかや（酒屋）・たびや（足袋屋）・あらもの（荒物）・大工・くぎや（釘屋）・瓦師・土こね・さいもくや（材木屋）・町ひきやく（飛脚）・せともの（瀬戸物）・左かん（左官）・やねや（屋根屋）・土《ど》かた・とび（鳶）・かるこ（軽子）・いし（石）工などが描かれている。下段は「なき上戸の方、おあひた連中」（「おあひた」とは「おあいだ」のことで閑散・ひまという意味である）で、唐物・かこゐ物・こハいろ（声色）・ふなやど・かねかし・いけばな・ぞうがん・ごうち・しようぎさし・はいくわいし・せいたくや・はなしか・こうしやく（講釈）けいこしよ・かしほん・うなぎや・茶見世・手あそびなどが描かれてある。

「入用《いりよう》御《お》間商売競《あいだせうばいくらべ》」は好況と不況の商人が争うものであり、この対照的な二つのグループを番付にしたのが「地震出火後日角力《すもう》」である。それによると「大まうけの方」は、大関が材木問屋であり、以下「諸方仮宅《かりたく》」「苫縄菰莚《とまなわこもむしろ》」「土方請負」「貧家潤沢」等である。「大おあいだの方」は、「三町休座」「花街煙中」「鼈甲蒔画《べつこうまきえ》（絵）」「贅沢諸品」「持丸《もちまる》長者」等である。当時の「大津絵ぶし賛唄」のなかに、

……又もやゆりかへし、やれ〳〵これでは暮せませぬと、芸者衆はおでんに中汲あつたかい。講釈師は場所附うり、咄し家、太夫さんは土かつぎ必死

とある。このように多くの被災者は大変困難な状況に陥ったため、高級料理店や贅沢品、芝居・芸者や諸芸人などはたちまち不況となった。右の鯰絵や番付などは当時の世相を巧

みに風刺したものである。

持丸長者

大工・左官・鳶など地震により思わぬ好況をむかえたものたちがいた反面、被害も多く、なかでも市中の富裕者（持丸）たちの施金《ほどこし》は少なからぬものがあった。当時の社会慣習によるものとはいえ、富裕者にとって施行《せぎょう》は自己の地震被害に加えて、思わぬ出費であった。「持丸長者」（図4）の持丸たちの顔は泣顔や渋面であり、その詞書には「持丸の、はら（腹）にたも（保）たずはきいだし、ひん（貧）のやまひ（病）の、これで直る世」とある。そして大工や左官・鳶らしい職人が持丸の吐きだした小判を掻き集めている様子を描いている。

持丸たちの思わぬ金銭の支出を下痢で表現しているのは（「持○長者腹くらべ」）、決して上品なものとはいえないが、その苦痛をあらわしたものであろう。別の「持○長者」では、彼らが施行についての相談を記しているが、そのなかに「さやう〳〵ごくなんじう（難渋）なものをゑらみ、それ〴〵へせぎやう（施行）してやりましたら、これにこしたいんとく（陰徳）はござりますまい。なるほど〳〵左様〳〵おやのない子や、子のないおや、めのみへぬもの、つえついたとしよりなどにほどこしたら、よをござりませふ」。「サアそこでございます、つえをついたものにほどこすなら、此せつのたふれかゝつた家へのこら

図4　持 丸 長 者

（埼玉県立博物館蔵）

図5　持丸たからの出船

(埼玉県立博物館蔵)

ずほどこしをおたしなせへナ」とある。

「持丸たからの出船」（図5）は、持丸が鯰によって小判などを口から吐きだしており、それを職人たちが奪いあう図である。その詞書には、

なまづ「モシ、たんな、あなたふだん、あまり下方の者をつめてなんぎをさせるから、
　このよふな、くるしいおもひをなさるのだ、これから心を、なほしてぢひぜんとく《（慈悲善徳）》
　をなさるがよろしふござります」

とある。

たしかに大地震は大工・左官・鳶などの建築業者を中心に復興景気をもたらした。そのような社会観を巧みに描写した風刺画は少なくない。「長者金の病ひ」のなかには、

わたくしどものはらあんばいハわるくなりますかハリ、よのなかハじうぶんよくなる
そうでございます

とある。「大地震火の用心心の杖」のなかにも、

分限者の金を地震がゆり出して　貧乏神の氏子たすける

とある。

鯰の世直しと平等思想

鯰の世直し

ここで注目すべきことは、富裕者の施《ほどこし》金などにより「よのなかハ、じうぶん、よくなるそうでございます」(「長者金の病」)、あるいは「貧の病の、これで直る世」(図4)といった鯰絵《なまずえ》の詞書《ことばがき》である。まさに地震の効能は「金のつかひたるによし……ゆうづうによし」であり、「中より下のうるほひによし」(「下徳参《げとくさん》」)であった。売薬口上を巧みにパロディー化した「振出し鯰薬」にも、その効能は「世上の景気を直す」ものであり、「金銀のめぐりを能《よく》し、世上を賑すによし」と記している。

大地震により大工・左官・鳶などの建築業者をはじめ、材木商などの関連業者がにわかに忙しくなり、これら職人の賃銀の上昇——好況は、彼らからみるとまさしく地震=世直

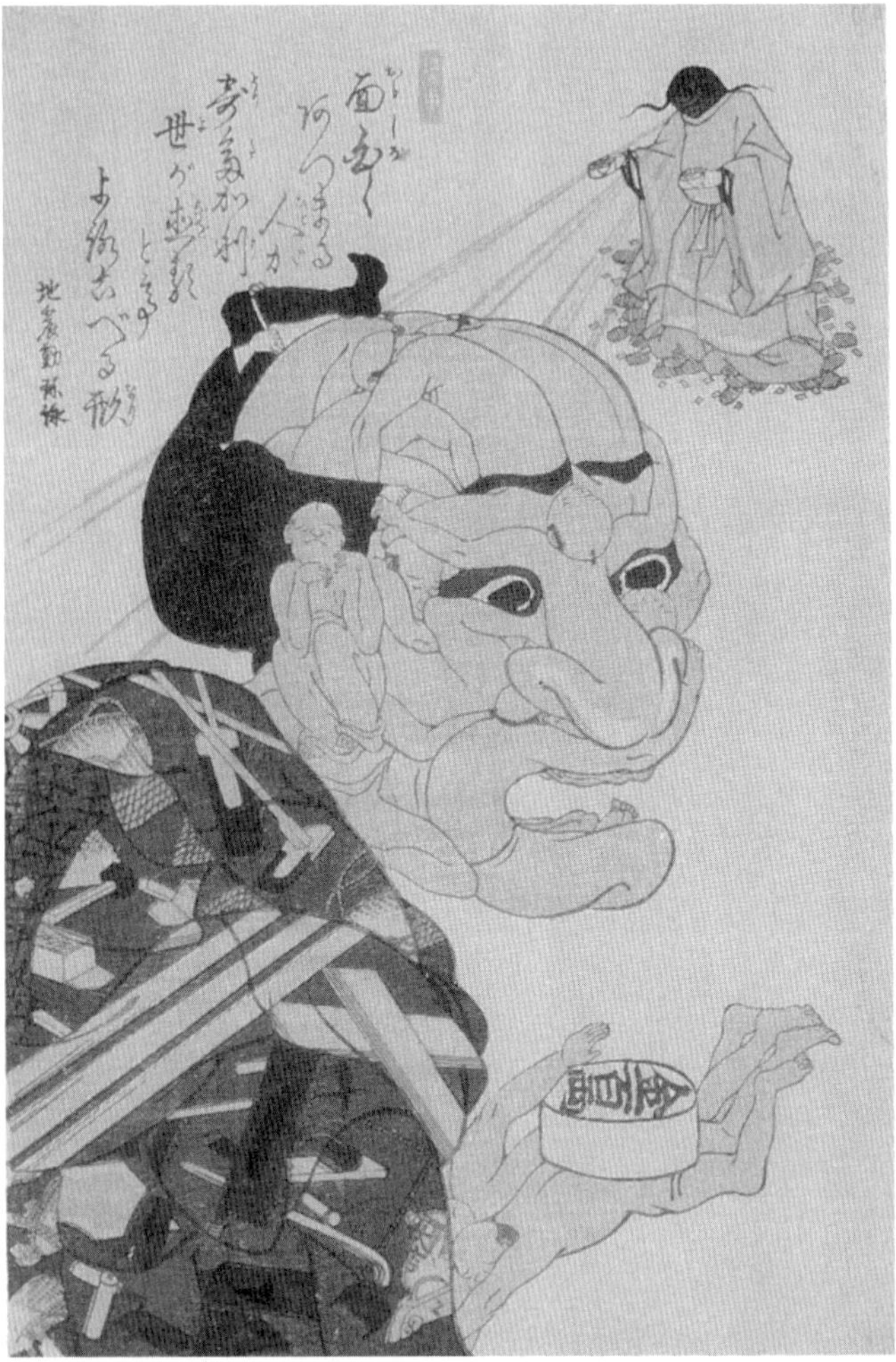

図6　面白くあつまる人か寄たかり

（埼玉県立博物館蔵）

しそのものであった。これを端的に表現した鯰絵はすでに紹介したものをはじめ少なくないが、さらにつぎのような珍しいものがある。

その鯰絵（図6）は、小判の上に立つ神の顔を鯰に描き、両手にはそれぞれ百両包みを持ち、一人の男にむけて後光をさしている。後光をうけた男の顔は国芳の「人かたまって人になる」や「人をばかにした人だ」のように、多くの人が集まって一人の男の顔を形づくっているのである。そこには「江戸中、面白くあつまる人がよりたかり、世が直《なを》るとてよろこべる形《なり》　地震動珍録」とある。その男の着物の柄には鋸《のこぎり》・鉋《かんな》・鏝《こて》など大工・左官などの使用する道具類が描かれている。それはこれら諸職人が「世が直る」といって喜んだことを諷したものであろう。

当時流行していた拳唄《けんうた》（掌の開握などで遊ぶ拳のおりにうたううた）のなかに、

〽神のおるすにつけこんで　のらくらなまづがふざけ出し
あとのしまつをあらためて　世直しく〵たてなおし
………
又蔵開くめでたさに　世直しく〵立直し
〽……大工さんハ手間を上《あげ》てしかられた
（「三職世直し拳」）

これから段々世が直り　金設《かねまうけ》てサアきなせへ　（「地震けん」）

などとある。

下層民のなかには富商の施行や幕府の救済により、潤った者がいたことは事実である。それは彼らにとってはまさに「世直し」であり、その原因は地震であったため、鯰のおかげとして鯰の出現を喜んだり、鯰を正客として招待したり、あるいは拝んだりする風刺画が多数出現したのである。ここに鯰はもはや悪霊ではなく、善霊であり、庶民の味方として扱われるのである。

大鯰が大地震を起こし多くの被害をもたらしながら、一方では世直しに通じる世界の再生と関連している。このことをオランダの民俗学者アウエハントは「破壊者――救済者としての鯰」の両機能的性格を鋭く指摘している。まさに地震鯰は破壊者にして守護神であった（宮田登『ミロク信仰の研究』新訂版、アウエハント『鯰絵』解説〈宮田登〉）。

図7は鯰が地震の被害者である亡者たちに対して自分の罪を認め、腹を切って謝罪している。腹から大判小判が流れ出すことにより世上が潤い、世直しが達成するのである。地震を起こした破壊者は転じて救済者となることを見事に表現したものである。その詞書には「これで本望とげました……」「みなみな得心せしは、げに世直し、世直し」とある。

図７　鯰切腹小判放出図

（国立歴史民俗博物館蔵）

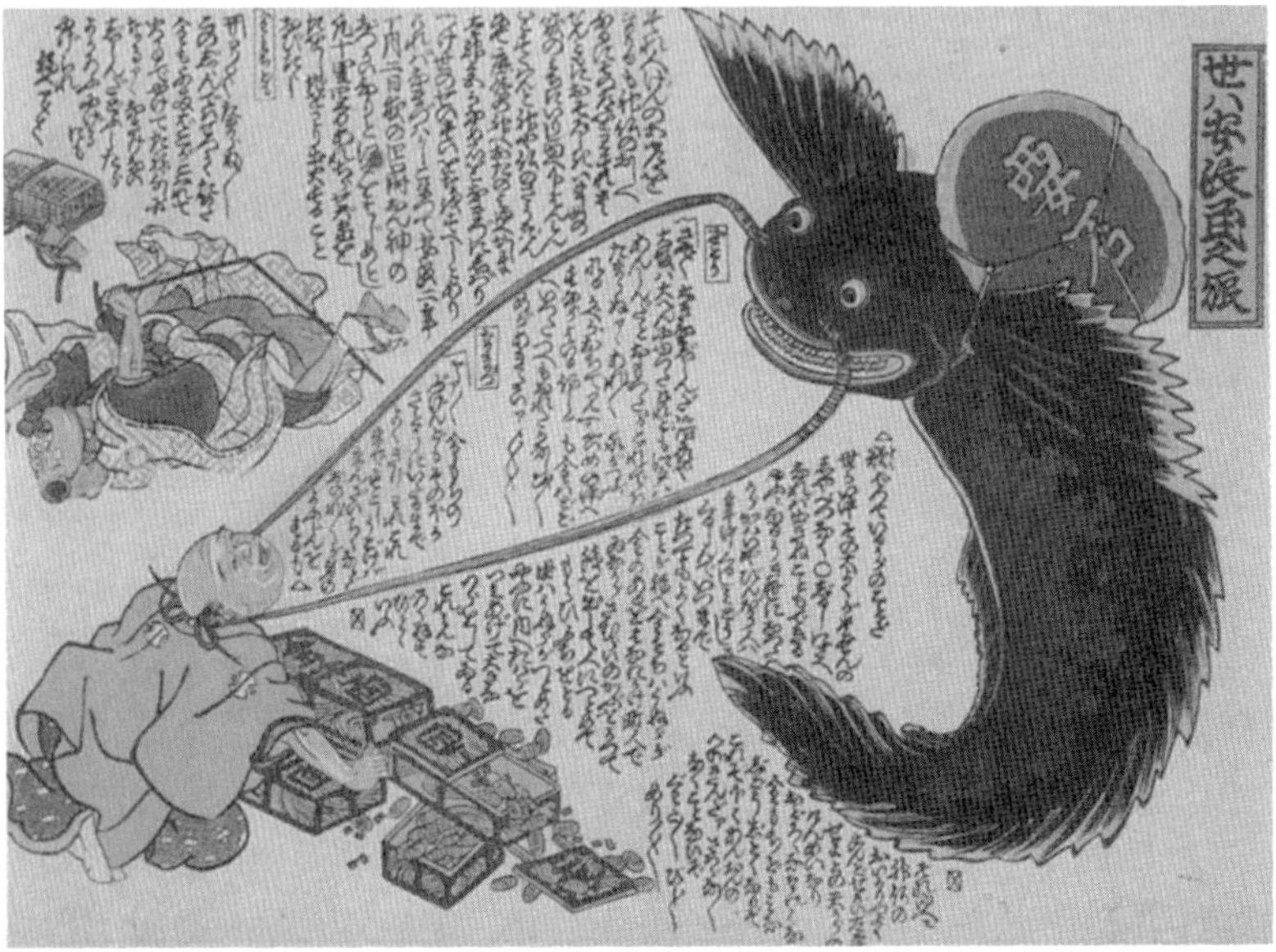

図8　世ハ安政民之賑

（町田市立博物館蔵）

「平」の建舞

金持ちをこらしめ金を吐き出させる鯰や、世直しのために鯰が出現したのだという鯰絵のあることは前述したとおりである。これらは江戸庶民の社会観や時代観を示すものといえよう。そして同時に鯰による大地震を「世直し」と表現しているのは、新しい世の中の出現を期待していることを物語るものであろう。当時の江戸庶民の社会観は、つぎのような鯰絵のなかに見出すことができる。それは鯰と持丸との首引きを描いた「世ハ安政民之賑」（図8）の詞書にみえる。

それ人げん《間》の五道をまもるも神仏のおしへなるに、その道をわすれ貴せん《賤》ともにそのおそろしきいましめの欲のみちにいりしゆへ、下はんミん（万民）をすくわんと神や仏のさうだん《相談》にて、鹿島の神へおたのミゆへ、かしま大神宮かなめ石をなまづにしばりつけ、世のせいすいをなおすべしとありけれバ、なまつハかしこまつて、安政二年十月二日夜の四ツ時、おん神のおつかいなりと、江戸をはじめとし凡十里四方あれちらせば、家を倒し、地をわり、出火することおびたたし……。

なまず「ヤア〳〵金もちのぶんげんども、そのほかさとう《座頭》にいたるまで、よくきけ……びんぼう人ハ年中くるしミどうしニくるしんで、いつまでたつてもよくなるといふことがねへ……神仏のおいかりつよく、こんどせかい太平ニせよとの、天から

図9　平の建舞

（埼玉県立博物館蔵）

のけんめい(厳命)なり、おどろくな、なげくな、金もちどもミなじごうじとく(自業自得)なるぞ、これぞ下々あんおん(安穏)のへいきんだア、さわぐな〱、なくことないぞ」

とある。地震が生じたのも、富裕者が金を出し、貧者が潤い救われるのもみな神仏、天の命令である、というのである。ある鯰絵の詞書には、

禍福ハ天のなせる所とかや、されハこたひの大地震も、かならす天地の調合ニして、富貴の金を分ち、貧民の手にゆうつう（融通）なさしめ玉ふなるへし（〈要石を背負う鯰〉）

とある。「道外地しん拳」は、

そこでおさまるかなめいし(要石)
こんだこさアざく〱
職人おひげで
ぐるりとかハつて　たいらにしよ

と結んでいるのである（傍点筆者）。

さらに「平《ひら》の建舞《たてまひ》」（図9）の詞書には、

貧福をひつかきまぜて鯰らが　世を太平の建《たて》まへぞする

とあって、恵比須神とともに大勢の鯰が大工姿で「平」という文字をうち建てている有様を描いている。当時の鯰絵などには「世直し拳」などをはじめ、大地震を「世直し」とみなして表現したものがいくつか認められるのは前述したとおりである。しかしこれほど江戸町人の「世直し」思想を明白に示した鯰絵は珍しい。ここに江戸町人のなかに、幕末江戸の庶民のなかに平等思想をはっきりと見出すことができるのである。わが国の平等思想は、近代社会になって西欧よりはじめて輸入されたのではなく、幕末江戸の庶民のなかにすでに芽ばえていたことを示す貴重な資料であるといえよう。

以上、鯰絵にみえる社会批判や風刺について述べてきた。すべての鯰絵がなんらかの社会批判や風刺性を持つものではないことは、いうまでもない。また戯画として描かれた鯰絵は多いが、すべての鯰絵が戯画とはいえない。なかには、はっきりと「護符」的性格を示すものがある。たとえば絵の一部に梵字《ぼんじ》などを記し、これを切り取って家の四方（東西南北）と天井の中央に貼るべしという鯰絵もある（「鯰退治」「地震御守」など）。一部の鯰絵にみられる呪術的要素は、疱瘡《ほうそう》絵や麻疹《はしか》絵にもみえるところであるが、それらについてはここでは指摘するにとどめ、後日を期したい（「文久の麻疹絵」については、拙著『幕末江戸の文化―浮世絵と風刺画―』を参照されたい）。

安政の政争

「道化狂画」の謎とき

「道化狂画」の誤解

安政五年四月の改印がある一寿斎芳員《いちじゅさいよしかず》の「道化狂画」（板元は角本屋金次郎、図10）は、七つの部分図よりなる。これについては以前述べたことがあるので、ここでは要旨を記すことにとどめたい（青木昇「青木春岱」七〈『足立史談』三一二〉。拙著『幕末江戸の文化―浮世絵と風刺画―』）。「如坐漏船居紀聞」《にょざろうせんきょきぶん》（東京大学史料編纂所蔵）および宮尾しげを『日本の戯画』によると、つぎのように判読されている。

道化狂画	判事（「如坐漏船居紀聞」）	（『日本の戯画』）
たこ	大将軍	将軍家定

まき四本	此《この》ほとめしいだされ候蘭家四人の医者	——
悪ば	死たる者四人の医者の薬にて二度生かへり御はら様おどろき居候処と云り	生母本寿院世継ぎ問題をしつかりせよという意味（焚きつけている）
浦島	宰相様	将軍の世継ぎが慶福に決まる噂で御代万歳をする
亀二人	御側衆	——
かかし	太田備後守	太田備後守
外ハ	間部下総守	（そばの稲叢）間部下総守
	松平和泉守	松平和泉守
かかしニ追れにげ行人《ゆくひと》	松平伊賀守（小笠原佐渡守屋敷に行処と云）	堀田備中守
同尻餅つきたる人	堀田備中守、其儘《そのまま》西丸下ニ居と云	一橋慶喜

赤鬼	井伊掃部頭《かもんのかみ》	井伊掃部守直弼《なおすけ》
足を鬼ニ捕られし女	石河土佐守姉ニて弟の御影て成上りし人と云	大奥の女中達
一度呑《のみ》し油を吐き出す大鼠	御祐筆《ごゆうひつ》志賀金八郎反り忠の処ト云	水戸斉昭
鼠の尻ニ登《のぼり》きセるを持《もち》たる人	不知申　候《しらずもうしそうろう》	田安
下帯 斗《ばかり》ニて驚《おどろき》 居人《いるひと》	本郷丹後守	尾張
浪人体《ろうにんてい》ニて物乞居人《ものこいおるひと》	岡櫟仙院	安芸
飛脚体ニて物乞《ものこわ》れ驚居《おどろきいる》人《ひと》	本郷丹後守	奥右筆組頭志賀金八郎
駕籠舁《かごかき》体ニて駕籠に乗居人	水戸老君と云	奥医岡櫟仙院
町人体ニて駕籠かつきなから位(泣カ)人	尾州殿トモ一橋トモ	越前慶永

駕籠昇　　　　　　　　松平越前守　　　　　　御側衆石川土佐守

御屋敷内ニ而之評判如

此御座候

右の「御屋敷」とは、松代藩といわれている江戸藩邸での風評である。

右のうち薪《まき》四本をもって「蘭医四人」としているが、正しくは蘭医二人、漢方医二人である。いずれも安政五年（一八五八）七月三日、将軍家定の病状が悪化したため、急遽右四人を奥医師に任命し家定の病を診察させた。しかしその効なく家定は同日に死去した。このおり家定は毒殺されたのであり、それは水戸斉昭の指示によるなどの種々の巷説が流布した。同日幕府は、若年寄本郷泰固《やすかた》、側衆石河土佐守政平の職を免じ差控を命じた。また奥医師岡櫟仙院《おかれきせんいん》に隠居慎を命じている。

巷説では奥祐筆組頭の志賀金八郎は、御用部屋に遺書を張って自殺したという。ところが、ある一人がこれを懐中に入れて他言しなかったという。そこでさまざまな噂が流布し、遺書を隠したのは奥医師の岡櫟仙院との噂も流れた。徳川斉昭による将軍毒殺に岡櫟仙院は加担し、志賀金八郎もその一味に加わったが、その非をさとり経緯を遺書に綴って自害したのだという。そこで秘事の漏れるのを恐れた岡櫟仙院が隠したという噂である。さき

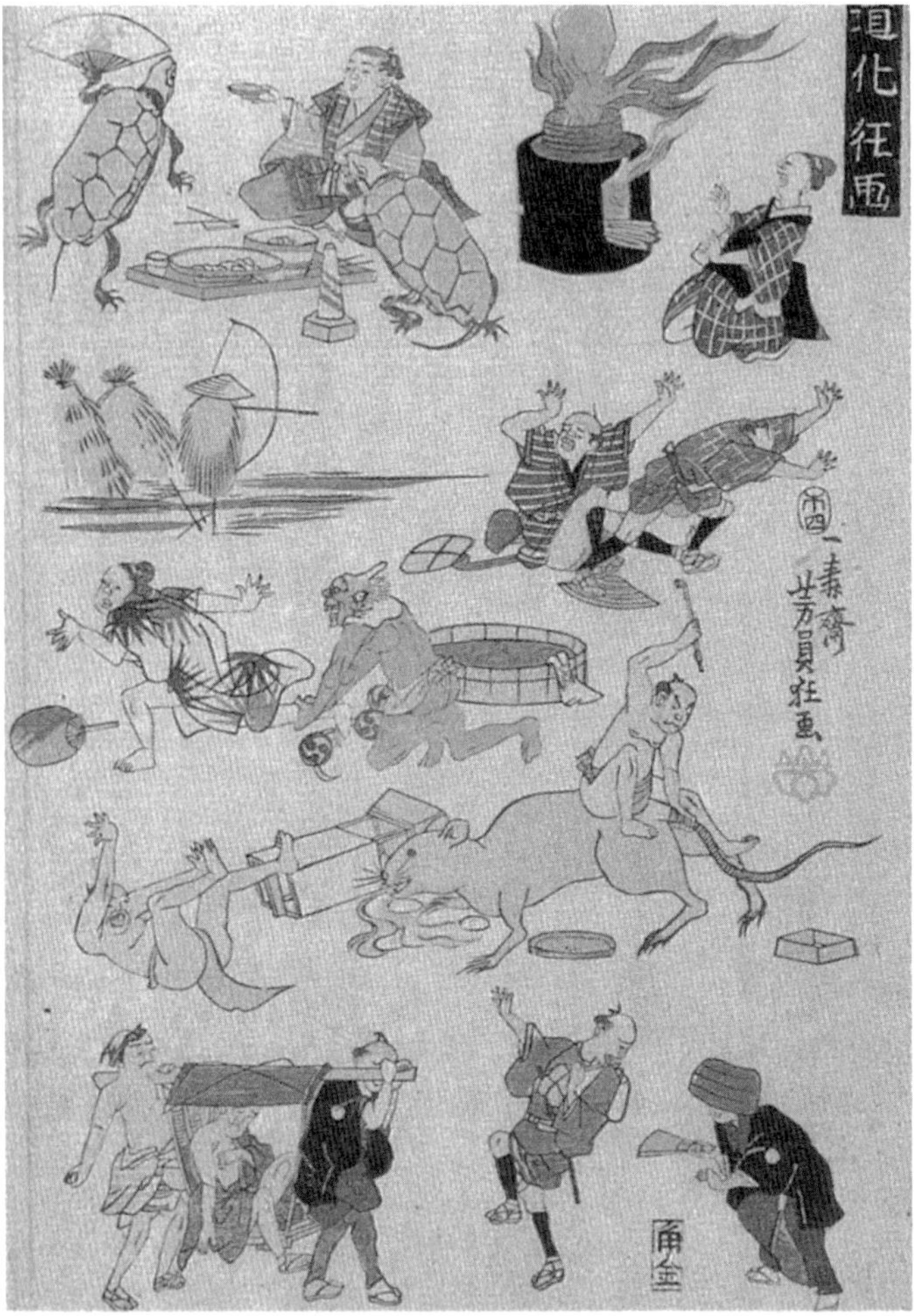

図10　道　化　狂　画

（町田市立博物館蔵）

の狂画のなかの「大鼠」を志賀金八郎とみなし、「反り忠」とあるのは右の噂によるものであろう。

志賀金八郎の自殺について、吉田常吉『安政の大獄』では、つぎのようにある。志賀金八郎は、六月二十三日、京都から継嗣についての八日付返答書を御用部屋に提出した。京都からの八日付の書状は十四日に到着しているのに、この書状のみが延着したことに直弼は不審を抱いた。それはこの日老中を罷免された堀田正睦《ほったまさよし》が、条約問題の成り行きを憂慮して、志賀に内命して京都からの返答はまだ到らないと称し、これを隠して直弼に告げなかったためといわれ、志賀は責めを負って七月一日に自刃したというのが真相のようである。

日米通商航海条約の調印が終わると井伊直弼はすぐ幕閣の改造に着手した。六月二十一日堀田正睦・松平忠固の両老中を罷免し、太田資始《すけとも》・間部《まなべ》詮勝《あきかつ》・松平乗全《のりやす》を老中に再任し、太田を老中首座とした。「狂画」の「かかし」およびその側の「稲叢」はこれを表し、他は政争に敗れた一橋派の人々や罷免をみた老中・若年寄・側衆などと見立てているのである。

しかし、である。注意すべきことは、前述したようにこの芳員画「道化狂画」には四月の改印がある。井伊直弼が大老職に就任したのが、この年の四月二十三日である。図中に描かれた人物に比定された人々が、比定された根拠――時の話題となったのは、さきにみたように六月から七月にかけてのことであった。芳員によって描かれ、そして名主改印をうけてから、いずれも二〜三ヵ月後に生じた出来事である。くり返すが、幕閣の交代、徳川斉昭らの不時登城は六月である。将軍の死去、蘭医等の登用をはじめ斉昭・慶恕《よしくみ》・慶永の処分、本郷泰固・奥医師岡櫟仙院の罷免は七月である。ゆえに図中に描かれた人物をもって、これらの人々であるとするのは無理であろう。

ここで留意すべきことは、右にみた市中に流布した噂である。噂の内容はともかくとして、右にみた噂が流布したことはあくまでも事実なのである。図中の人物をもって、噂のように想定されたこと自体は否定できない事実なのである。市中の噂が図中の人物と一致しないとの理由で、この図や噂そのものを一蹴することはできない。図中の人物をみて、噂の人物に想定した事実こそが大事なのであり、たとえそれが正確さを欠くものであっても、まったく無価値であるとはいえないであろう。

京都ではまた異なった解釈がある。「三条家文書」（国立国会図書館憲政史料室蔵）のなかに、「道化狂画考」と題した一文がある。右によると蛸は将軍であり、将軍毒殺を蛸を煮殺す図でたとえたものである。側の女性は実母の君で驚嘆する有様を描いている。酒宴する人は西丸宰相、鬼は井伊直弼。鬼に足をつかまれた女性は岡櫟仙院の妹等とある。その他の人物については図中のどれを指すのか詳かでないし、また前述の解釈と必ずしも一致しないようである。

右の「三条家文書」にみえる記述の主意は、芳員画「道化狂画」は姦人たちが将軍を毒殺したのであり、それを見つけたのが井伊直弼（＝忠臣）であることを世上に流布しようとする深謀より作られたとする。ここにいう「姦人」とは水戸（徳川斉昭）、福井（松平慶永）などで、じつは忠義の者たちであるという。その忠臣たちを将軍毒殺の犯人に仕立てようとする陰謀により作成されたのがこの「道化狂画」であるとみなしているのである。見る人によって、同一の絵からさまざまな解釈がなされていた好例である。

将軍毒殺説は、家定死去の直後より流布した。吉田常吉氏によると、蘭医伊東玄朴《げんぼく》が脚気症の毒を略してたんに「毒廻り候」といったのが毒殺と受け取られ、殿中に広まったという。それまで将軍家定の治療にあたっていた奥医師の岡櫟仙院は一橋派とみなされていた。南紀派の薬師寺元真は十一日、宇津木六之丞に岡の死罪を申し込んでいる。また酒井忠義は、岡を吟味すれば老公の罪状が明らかになろうと井伊直弼と密話したというから、斉昭が疑惑の対象であったことが知られる（吉田常吉『安政の大獄』二〇四〜二〇五ページ）。

表1

位置	絵の人物	推定	
上段	平能登守教経	大老	井伊直弼
〃	安徳天皇	将軍	徳川家茂
〃	伊賀平内	老中	脇坂中務大輔安宅
〃	新中納言知盛		不明
〃	飛驒判官景隆	老中	間部下総守詮勝
〃	越中守前司盛俊	老中	太田備後守資始
下段右手	武蔵三郎左衛門有国	老中	内藤紀伊守信親
〃	弥平兵衛宗清		松平和泉守乗全
〃	悪七兵衛景清	老中	久世大和守広周
中央	座頭		水戸斉昭
右手	薩摩守忠度		一橋慶喜
〃	瀬尾太郎兼広(康)		不明
左手下段	主馬判官盛国	所司代	本多美濃守忠民
〃	門脇宰相経盛	若年寄	遠藤但馬守胤統
〃	筑後守家貞	若年寄	稲垣安芸守太知
〃	小松内大臣重盛	若年寄	牧野遠江守康哉
〃	参議経家		不明

将軍家定毒殺の疑惑は、以前より潜行していたのである。将軍毒殺説に、将軍継嗣問題がからんでいたことはいうまでもない。京都では、斉昭らの一橋派を陥れる謀略のための絵(「道化狂画」)まで描かれたとする。事態はますます紛糾し、やがて安政の大獄へと発展していくのであった。

井伊直弼の風刺

一英斎芳艶の「破奇術頼光袴垂為搦《きじゆつをもつてよりみつはかまだれをからめんとす》」(安政五年四月の改印)および一寿斎芳員の「頼光之臣四天王之豪傑土蜘退治之図」(同年五月の改印)は、将軍継嗣をめぐる当時の複雑な政治情勢を示したものであるという。後者の土蜘《つちぐも》は井伊直弼、四天王はこれに対抗する大名たちの姿を示すものであろうか。前者では直弼が頼光、大蛇は慶喜、大蛇に呑みこまれようとする小動物は徳川慶福《よしとみ》をあらわしたものと考えられている。芳虎画「平親王相馬将門」(三枚続)では、飛ぶ鳥を落とす平親王相馬将門は、井伊直弼を諷したものであるという(小西四郎『錦絵幕末明治の歴史』第一、八二〜八五・八八〜八九ページ)。将軍継嗣と通商条約の調印という二つの困難な問題に強引に終止符を打った、数ヵ月の安政五年十月の改印である。

同じ安政五年、「一秘曲平家一類顕図」(三枚続)と題した、平家一門が安徳天皇を守護する図の刊行をみた。それは一の谷の御殿の図で、上段に紫の幕、緑色のすだれを巻きあげた上段の間の正面に、安徳天皇をいだいた平教経《のりつね》（竜紋の兜《かぶと》に虎の皮鞘《かわざや》）が座している。教経は橘の紋を付けているので、彦根藩主（家紋は橘花）井伊直弼を示唆している。また金の冠をいただいた天皇は新将軍家茂《いえもち》である。左右に並ぶ武将は『藤岡屋日記』によると、表1のとおりである。

右は将軍継嗣の問題を諷したものであることは明らかである。これを板行したものたちが逮捕されたのは十月二十五日である（『藤岡屋日記』）。それは新将軍家茂の就任の日であった。

政争を「野菜と魚の争い」に描く

青物魚軍勢大合戦之図

歌川広景画「青物魚軍勢大合戦之図」（三枚続、図11）は、安政六年（一八五九）十月の改印がある。前年の安政五年は全国にわたってコレラが大流行した。そのため江戸では生物《なまもの》とくに魚はまったく売れず、逆に野菜は高騰した。したがって右の絵はコレラにかかりやすい魚と、かからぬ青物との争いを示しているという解釈がある。

しかし、右図の青物の大将は「蜜柑太夫」である。蜜柑は紀州、すなわち紀州出身の十四代将軍家茂を表す。その前面で刀を振って奮戦している「藤顔次郎直高」の旗指物には「橘」が描かれている。井伊家の家紋は橘であり、「藤顔次郎直高」は、大老直弼をもじったものであろう。また大蛸は徳川斉昭である。

「幕末・明治のメディア展」（一九八七年）の目録によると、早稲田大学図書館西垣文庫所蔵の「青物魚軍勢大合戦図」の背面に、青物や魚が特定の人物に比定されてあると、川本勉氏より教示をえた。さっそく同大学図書館で閲覧したところ、同図の背面に絵解きが記されてあるのを見出した。個々の青物や魚が、それぞれ特定の人物を表す理由が貼付されてあったのである。以下、右の記述の要旨を紹介し（カッコ内の人名は筆者による補足）、あわせて若干の私見を述べてみたい。

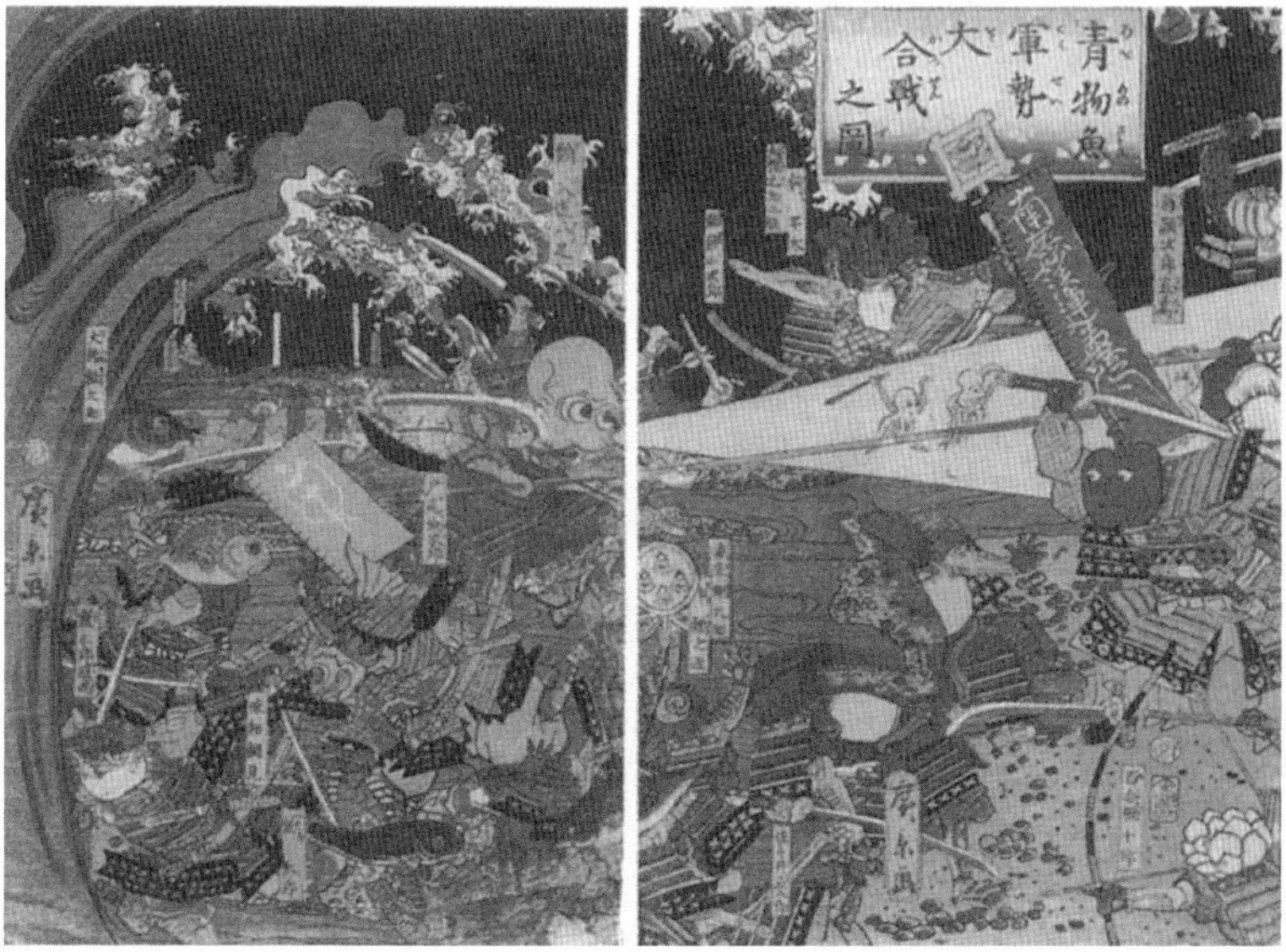

図11　青物魚軍勢大合戦之図

(町田市立博物館蔵)

青物魚軍勢大合戦の絵解き

〔青物軍〕

1　蜜柑太夫　将軍見立（第十四代家茂）
　蜜柑は紀伊国の産物による見立。

2　藤唐土《とうもろこし》之助　若年寄稲垣長門公（太知）
　家紋は抱茗荷《だきみようが》である。故に玉蜀黍《とうもろこし》に見立たものか。

3　唐辛《とうから》四郎　若年寄本多越中守（忠徳）
　持槍は赤玉である。故に赤い所をあらわしたものか。

4　芋山十八《とうはち》　若年寄牧野遠江公（康哉）
　小手にある梯子印は家紋である。

5　砂村元成（とふなす）　若年寄遠藤但馬守（胤緒）
　小手に亀甲の家紋がある。

6　藤顔次郎直高（冬瓜）　井伊掃部公（直弼）
　指物に自家の紋がある。

7　空豆之助　御側衆夏目左近公（左近将監信明）
　空豆は夏目の形と似ているためである。

8　茄子三郎　御側御用人水野出羽公（忠寛）
幼名かし次郎ト云故也、おん字よみ取の見立。

9　桑井永之進　若年寄酒井右京公（忠毗）
桑井と酒井の井の字をかけたものか。また家紋の酸漿《ほおずき》の花の形あり。

10　大木桃之助　御後見田安卿見立（徳川慶頼）
名ニ大きもとあり、後見ハ大きもなる人柄ゆへ。

11　甲斐武道之助　御老中内藤紀伊公（信思）
家紋は下《さが》り藤《ふじ》である。その形が葡萄《ぶどう》に似ている故。

12　宇《う》利《り》三郎　御老中松平和泉守（乗全）
家紋は蔦である。瓜の葉は蔦に似ている故。

13　水瓜赤種　御老中安藤対馬公（信正）
持槍はししのいかり毛である。故に黒く丸くしたとの見立。

14　松田茸長《たけなが》　溜詰松平讃岐公（頼胤）
松田は松平のはんじよみ。松茸は高松（高松藩主讃岐守）が尻おしのところ。

15　百合根《ゆりね》十郎　御老中脇坂中務公（安宅）

替紋は百合の花である。

16 大根之助二股　尾張卿（徳川慶恕）

大根は尾張国の名産。

〔魚　軍〕

1 しやち太子　一橋卿（一橋慶喜）

一ツ橋御門しやちほこなる故。

2 大鰭《おおひれ》鮪《まぐろ》之助　元御老中太田備後公（資始）

元隠居から出た人であるから、その半身が見えないようにしている。又名の大の字より見出す。

3 鰒《ふぐ》三郎腹高　元御老中故阿部伊勢守（正弘）

知行地福山をもじって鰒としたもの。老中在職中、物を取りたてて大いに勝手むきがよかったため腹ぐろ。顔を隠しているのは故人であるので「かくれている」のたとへである。

4 味物鯛見　元御老中堀田備中守（正睦）

知行地は佐倉であり、小袴に桜の花がある。

5　鯰　太郎　御末家松平大学公（頼誠）
守山藩主で、図中にモリ山とある。

6　戸尾魚次郎《とびうお》　御附家老中山龍吉（水戸藩）
「差物の印中山なり　上のわと下ノてん合せると山なり爪是中なり　よく見給ふへし」とある。

7　蛸入道入足　水府隠居（徳川斉昭）
蛸は水戸の国産。「具足草ずりはしのちぎれたる所ハ末なし」とある。

8　魴鮄《ほうぼう》小次郎　元若年寄本郷丹後公（泰固）
「ほふほふとなへ替り本郷なり故にたとふ」とあり。

9　鰈《かれい》　平太　松平越前公（松平慶永）
鰈は越前の名産。

10　初鰹之進　松平土佐公（山内豊信）
鰹は土佐の名産。

11　海底鮑《あわび》之助　阿州公（蜂須賀斉裕）
今度は同類にならぬ故に「身ハ目にあわすと云事を、きられた姿にあらわしせしか、阿ハあわしといふ事ならんか」とある。

12　佐々井壺八郎　伊達遠江守（宗城）

着物の上の「輪の中に嶋図女四人あり国元うハ嶋故ニ」宇和島と譬。また輪の下に笹がある。笹は家紋。

13　子蛸七疋　水戸の連枝方

「別ニ見所なき故ニ銘〻ハ分かたし」とある。

右のほか図の右端にみえる馬印は、

大馬印大みかん、其訳、将軍は小みかん国より出て、大みかんと成しといふ見立。

高松馬印ハ、松茸の形、高ひ所にある故に高松なり。（石たゝみの馬印は）高松の持旗也、其訳、石たゝみハ高松の押かんはん印也。

びわ（枇杷）の馬印は井伊公、其訳、国か彦根にて水湖の淵也、湖ハ本名ひわの湖といふ。（五月かさりのほり）の馬印は井伊公の旗也、其訳、五月かさりのほり此家には皆染のほりなり。

などとある。背面に記された右の記述は、板元の絵草紙屋で作成したいわゆる「わけ書」ではないようである。右の絵を自分なりに判読した人物が記述したものであろう。したがって板元あるいは画工広景の意図したものと、必ずしも一致しているとはいえないであろう。そこには若干の齟齬《そご》があるかもしれない。しかし、右の背面記述によってはじめて多くの人物の比定が可能となった貴重なものである。

広景を威嚇する張紙

その後文久三年（一八六三）十一月二十二日に「皇国有志連」の名のもとに、広景が異国人に諸国城絵や両御本丸絵図等を贈ったことを非難し、江戸中の「市中家主共」宛に広景の居処を知らせるよう、もし隠せば同罪にするという張紙が出た（『藤岡屋日記』巻一〇二）。その冒頭には、

浮世絵師　広蔭(景)

此もの義、先達而不容易御時勢之事、魚青物尽しニ認メ錦絵に書候……

とある。右の錦絵とはここにとりあげた「青物魚軍勢大合戦之図」のことであろう。その内容は「不容易御時勢之事」を「魚青物尽しニ認メ錦絵ニ書」いたものであり、「皇国有志連」と名のる人々には、気に入らぬ内容であったことが知られる。これだけをみても広景の右の図は、たんにコレラをめぐる青物と魚の争いでないことが判明できよう。

この「青物魚軍勢大合戦之図」では、南紀・一橋の両派は勢力が拮抗しているように描

かれている。しかし名主改印の時点（安政六年十月）では、一橋派はまったく抑圧されていた。この年の八月には、斉昭は国許永蟄居《えいちつきょ》を命じられている。そのためであろうか、大蛸の水府隠居斉昭についての裏書には「具足草ずり、はしのちきれたる所ハ末なし」（傍点筆者）とある。だが両派の抗争はその後もますます熾烈となり、やがて桜田門外の変へと発展するのである。

文久のあわて絵

生麦事件とあわて絵

江戸市中の混乱

文久二年（一八六二）八月、神奈川に近い生麦村で薩摩藩の島津久光の一行がイギリス人四人を死傷させるという、いわゆる生麦事件が生じた。イギリス側のたびたびにわたる抗議と処分要求にもかかわらず、幕府はただ事件の解決をのばす一方、列国使節に調停を依頼し難局をきりぬけようとした。しびれを切らしたイギリスの代理公使ジョン・ニールは本国政府の訓令にもとづき、翌三年二月十九日幕府に賠償金一〇万ポンド、薩摩藩には犯人の逮捕・処罰と償金二万五〇〇〇ポンドの支払いを要求し、二〇日以内に返答することを求めた。そのころイギリス軍艦はあいついで横浜に入港し、合計一二隻の大艦隊が威圧を加えたのである。

三月四日、老中井上正直は対イギリス交渉の決裂にそなえ、関八州の大名および旗本にたいし臨機応変の覚悟をするようにと命じ、翌五日には同様の趣旨を町触《まちぶれ》した。八、九日ごろ市中では「江戸中が火原となる」との風評が広まり、人々は動揺し混乱に陥った。幕府は十三日に、万石以下諸家の妻子・老人などはそれぞれの知行所に移ることを許した。また町触して市中の女子供や老人・病人などを、田舎に親類知人があれば立ち退かせてもよいと令した。そのため人々は荷をかつぎ、先を争って江戸から近郊へ避難した。その様相を『嘉永明治年間録』は、つぎのように記している。

府下老幼女子等田舎に遁《のが》るるがため、板橋・千住・新宿の三口ハ云ふもさら也。四方口々、士工商三民の荷物、或ハ車、或ハ馬附、或ハ肩背負ひ持運ぶ事、昼夜絶間なく、取分け芝高輪辺ハ家財道具の売払など、其騒敷事《そのさわがしきこと》、火の今にも燃来《もえきたる》が如《ごと》し。親子諸共立退者も数を知らず。……就中《なかんずく》同月廿日頃、中仙道鴻巣宿辺の旅人の行粧を見たる人の話しに、男ハ葛籠を背負ひ、或ハ老人を背負ひ、女ハ子を背負ひ、或ハ懐にし手を引き、或ハ両手に包を提げ、或ハ足を踏腫し、泣々通行のもの昼夜の差別なく、憐なと云んもおろか也と云

とある。右のような混乱に乗じ市中はもとより、周辺地域では盗賊が横行出没した。また

当時交通機関の役をつとめた車力《しやりき》・軽子《かるこ》・舟頭・駕籠舁《かごかき》などの賃銀は急騰した。さらに周辺農村の地主や農家などは貸間や間代がにわかに騰貴して大よろこびであった。これに反して市内では売家が急増し、金貸し・質屋などの金融はとだえ、盛場は火の消えたようになり、物持ちや芸人などは、はなはだ困惑した。当時これらの社会混乱を風刺した錦絵が多数出現した。古堀栄氏はこれらを一括して「周章絵《あわてえ》」と称している。これら一連の風刺画の大半は名主改印はもとより、画工・板元名を欠くが、文久三年三、四月ごろの板行と思われる。

善悪しあんさい中

「善悪しあんさい中」（図12）は、思案している持丸（金持）に、これまで出入の大工・左官・八百屋・さかな屋・かし本屋などがとりつき、「なだめるところ」とある。持丸に「はてどうしたものだらう、こゝにゐるハチトこわし、こし（越）てゐるくにハちめん（地面）や、しよどうぐ（諸道具）のやりばにこまる、そしてしんみち（新道）のあれもふびんだし、どうもしあん（思案）のつけやうがねへわへア、〳〵」といわせている。上部の持丸の思案のなかに、車力・日雇・舟頭・馬子・雲助・はたごなど荷物の輸送費などこれからの出費が描かれ、江戸に残るか田舎に行くか、どちらがよいかの損得を思案中であることを風刺したものである。

図12　善悪しあんさい中

(町田市立博物館蔵)

図13　浮世夢はなし

（東京都立中央図書館東京誌料文庫蔵）

「浮世夢はなし」（図13）は、文久三年三月の名主改印がある唯一の「あわて絵」である。千両箱を重ねて思案する人、荷物を運ぶ車力・軽子・舟頭、田舎で農夫と貸間代を交渉する人、別れを悲しむ男女、兜・刀・大砲・火の玉（弾丸）を描いて戦争を暗示した、これらのもろもろを夢みる一人の男の絵である。

「浮世はゆめだ〳〵」は、大きな荷物のそばで思案にふける「市中のものもち」と、景気よく酒を飲む「ひようとり（日雇取）」と「ふねのり（舟乗）」を描く。祝杯をあげる二人をとりまいて大勢の小判が踊り、この二人が金もうけをしていることを諷している。これには「文久三年」と書きこみのものがある。

「うき世のゆめ」（二枚続）の構図は国芳の「源頼光公館土蜘作妖怪図」をまねたものである。千両箱にもたれてまどろむ老人（着物に打出の小槌をつけ、小判や銭の模様がついた座蒲団に坐っているところから持丸であることを示す）の夢を描いたもの。その夢は百鬼夜行で、右側は「かごや」をはじめ、車・舟の顔をしたものたちであり、左側は「持○」の幟をもち、「昔はなし」（落語家・寄席芸人）などの怪物と戦うさまで、当時の世相を風刺している。

太平優美論

「太平優美論」は軽子・乗物・舟頭・車力・農民・飛脚・つづらやなどの得意な様にたいし、呉服屋・左官・金貸・質屋・芸人・芸者たちの萎《しお》れを描いたもの。それぞれのいい分の大略は、つぎのとおりである。

軽子「わしらがかつてゞかせぐのでハねへ、あちこちからたのまれて、よんどころなく金もうけをするのだ。しかしふだんハかるこ〳〵とか□（るがる）しくおひつかハれるから、ちいとのものでもおもくしてかついで、たんとぜにをとつてやりやす」。

舟頭「此ごろのやうでハじつにまうかつてしようがねへ」。

車　「じつに此せつのやうにいそがしくつてハ金のおき所にこまりますよ、しかしながらよくしたもので、くるまのわ（輪）じやアねへが、大かたまハりもちでござりませうよ」。

百姓「なるほどわしらア田舎にゐて外《ほか》へ立のくせわもなし、十ねんあとに立たした座しきを一ヶ月五両でかりでがあるし、ちとごうよくだといハしやるだらうが」。

飛脚「ミなさんもごぞんじのとほり、金にあいそづかしでもしてへくらへ、ふへてこまります」。

これら好景気のものにたいし、不平組の文言が記されている。

左官「ぢしんの（地震）のあとの銭もうけを、ちや〱むちやくにしてしまふト思へバ、じつにねつられねへ、たんとの金のいれどころ、くらてもたてたがいゝしやねへか、しみたれなやつら（だ）ぜへ」。
金かし「サアいくらでもかしてやるからかりにきなせへ、まご〱してにげるにやァおよバねへ、廿五両壱分とまけました〱」。

ないないづくし
つぎのような「ないないづくし」（東京大学史料編纂所蔵）もこのころのものであろう。

さてもない〱ぜひがない
〽したまちうり家かいてがない
〽在ごに明家ハからすくない
〽江戸ツ子いなかに身うちがない
〽ゐどこもやどもきまらない
〽どふでもしりがおちつかない
〽まことにこころがさだまらない
〽さきをあんじちやきりがない

〽しやりきやかるこハひまがない
〽だちんがやすいとかつがない
〽質のだしてハひとりもない
〽おきてハあれどもとりてがない
〽げいしやお茶やハ客がない
〽ゑいようしやうばいからいけない
〽よこはま町人しかたがない
〽こんどのひやうぎハわからない

また、武士（日本）と異人（英仏等）の頸引の一枚摺《いちまいずり》には、つぎのようにある。

〽町々こまるや
なんのかんのとこまる
江戸がいやなら
いなかへちよいと　ござれ
おふやこまつた
〽ちやう〳〵（町々）さふどふや

いぎりすが　ぢやァまァで
よこはまで　さわぐのハ
いへぬしぢぬしに　くるわうち
おつちよこちよいのちよい
　こつちへこいのこい

憎まれた異国人

人々が江戸から近在に避難する直接の契機は、生麦事件についての賠償金支払い問題である。当時の江戸庶民の感情からいえば異人の来航そのものが悪の根源であった。それはやがて攘夷の感情の高まりとなっていくが、風刺画にも人々が外国人を打擲《ちょうちゃく》する図となってあらわれてくる。「当時見立画づくし」（東京大学史料編纂所蔵）はその好例で、帽子をかぶった一人の異人を無数に近いほどの夥《おびただ》しい人々が取りかこみ、打ちすえている。棒をふりあげている人々のなかに、質屋・芸人・金貸・その日暮らし・物貰・芸者・寄席・屋敷商人・髪結・湯屋などがみえる。そのなかにあって車力・雲助・鉄炮鍛冶が止めに入っているのは、以前の鯰絵で大工ら三職が鯰をかばったのと同じ立場であるからであろう。

「浮世の浪夢の占」（図14）も同様の趣向である。異人を座頭・芸者・茶屋（着物に徳利

図14　浮世の浪夢の占

（東京都江戸東京博物館蔵）

の模様がついている）などが取りかこんでいる。仲裁人としては、余禄《よろく》の人、車屋や軽子たちも描いている。わるもの（異人）「これ〳〵もふかんにんしてくれろ、まことにいま迄ハわるかつた、とう〳〵に立のくからどうぞゆるせ〳〵」と謝る。金貸座頭「サア〳〵とんだことをいふやつだぜ、こふなつちやかす（貸）こともできなけりや、とる（取）こともできねへ、はてひとしあん（思案）せにやならぬ」。遊人組「ヤイ〳〵きさまたちが此せつめうなことをいひだしたゆゑ、おいらたちのしやうばい（商売）が、ことのほかひま（暇）になつたぜ、このさきアどうするのだ、あんまりわからねへひとだ」。芸者「おまへのおかげで、このせつはおざしき（座敷）もひまになりました。しかしながら、おだやかになつたら、らしやめんにかゝへておくれよ」とある。

「善悪混雑噺」もほぼ同様の構図であるが、武士（強勇）が入っている。強「おのれ、ふとどきなやつだ、きつ（斬）てくりやう、なんじたちがきてから、ろくなことはないぞよ……さいし（妻子）を国元へつかわすも、みんなななんじゆへ」とある。

当時物輪集会

「当時物輪《ものは》集会」（図15）は当時の板行であるが、『東西紀聞』には、「前にしるしたる見立三幅対（癸亥三月江戸板行一枚摺）に同しなる物ハ集会といえる錦絵の弐枚摺あり」とある。さらに「物輪集会」のなかに「当ル物ハ……両国象の見世物」とある。文久三年（一八六三）四月に、両国象の見世物があったことは『武江年表』にもみえるところである。また「出てきたものは……四文銭」とあり、同年二月、幕府は四文銅銭を鋳造し、通用を布告している。これらにより「当時物輪集会」は文久三年の刊行であることが判明する。その詞書《ことばがき》はつぎのとおりである。

大きい物ハ　諸のけんやく
こわい物ハ　商売のひま　海岸の丸持
こわがる物ハ　高利かし　そん料かし
うれない物ハ　売居　古道具　植木　夜たか
まつている物ハ　あるじの帰り
出てきた物ハ　田舎の人　きんばん衆　四文銭　奉公人
しめた物ハ　場末の大屋　借金の有人　旅商人
おかしい物ハ　おくびような人　ときよう（度胸）のいい人　下女をむかいにくる人
はやる物ハ　かりたく（仮宅）　あねさん嶋田　ま□袴　西洋てうれん
当ル物ハ　自分の考　両国象の見世物
もうかるものわ　道中一ぜんめし　鉄炮所　武器道具屋　刀とぎ　宿ゝはたこ屋

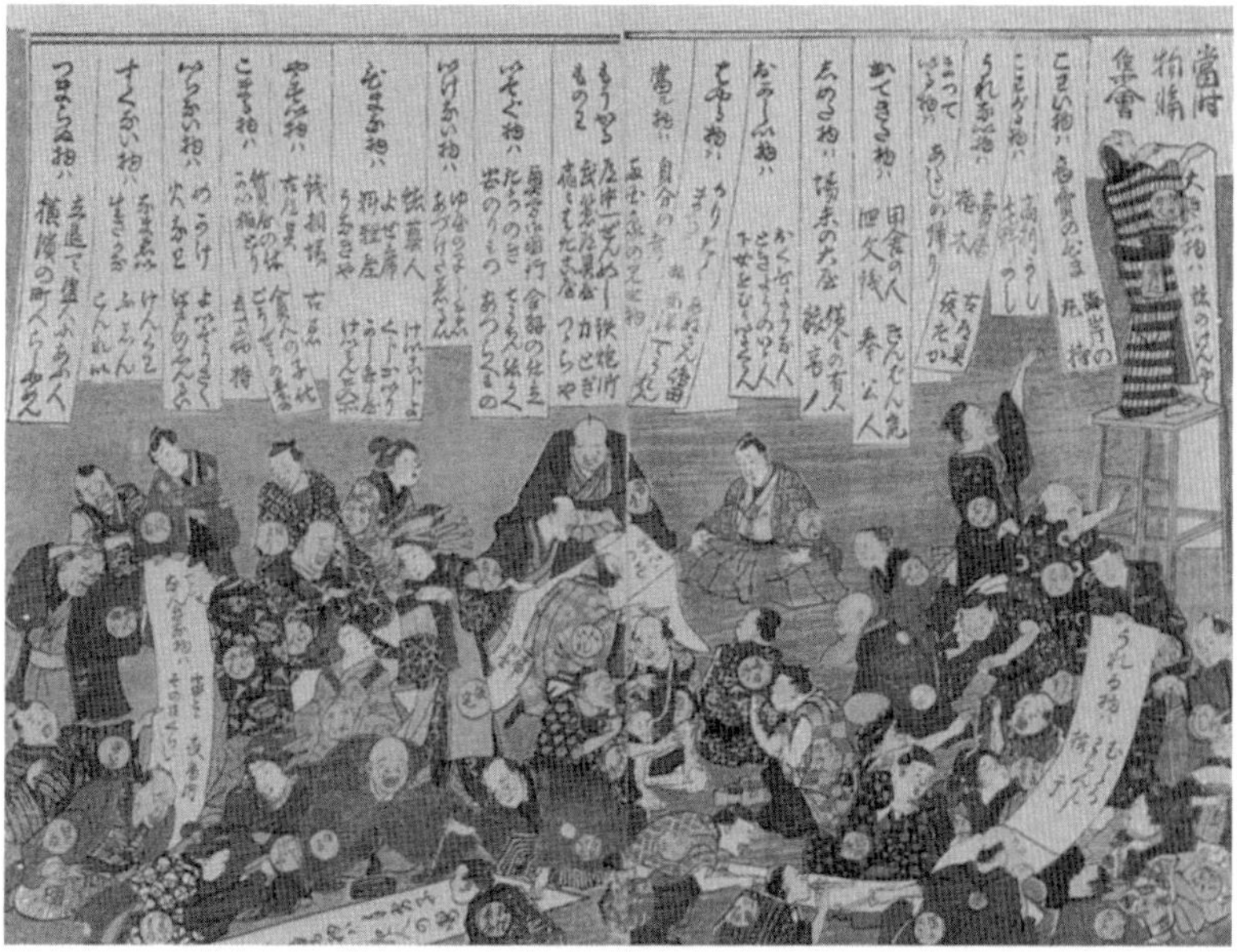

図15　当時物輪集会

（たばこと塩の博物館蔵）

つゝらや
いそぐ物ハ　奥方御国行　合羽の仕立　たちのき　てうちん張かへ　安のりもの　あ
つらへもの
いけない物ハ　ゆ屋の早じまい　あづけた着るい
ひまな物ハ　諸芸人　けいこじよ　よせ席　くじ（公事）出いり　料理屋　かし本屋
うなぎや　けい《（あ）》わん口入所
やすい物ハ　銭相場　古着　古道具
こまる物ハ　質屋の休　貧人の子供　かい猫とり　ごうぜうの年寄　ぢ病持
いらない物ハ　めかけ　よいぞうさく（造作）　火なわ　江戸のしんるい
すくない物ハ　なまゑい（生酔）　けんくわ　生さかな　ふしん（普請）　こんれい
（婚礼）
つまらぬ物ハ　立退て盗人にあふ人　横浜の町人　らしやめん
うれる物ハ　むしろ　わらんじ　梅干
こむ物ハ　宿々　問屋
なんきな物ハ　家主　夜商内《よあきない》　その日くらし

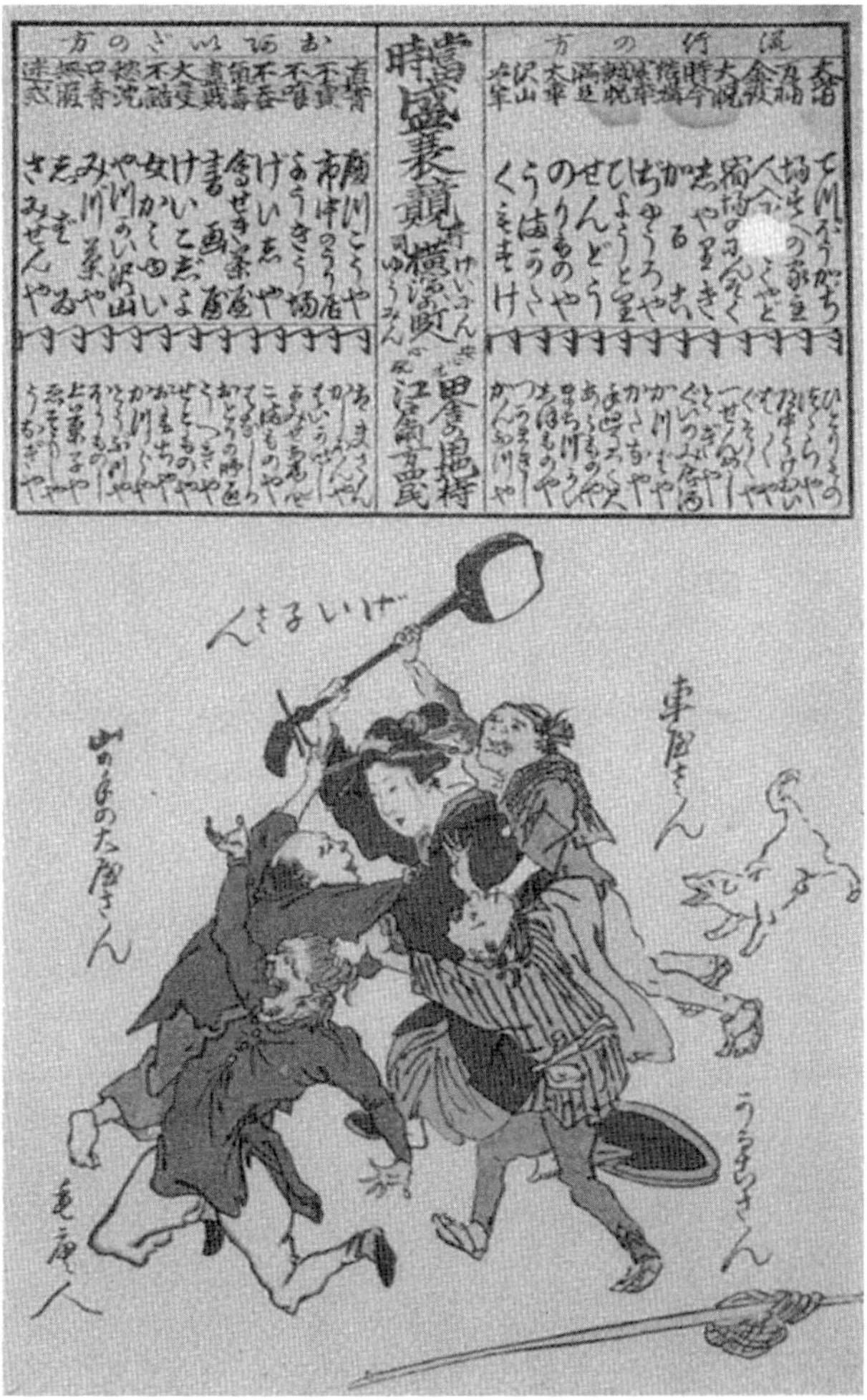

図16　当 時 盛 衰 競

（たばこと塩の博物館蔵）

追々へる物ハ　手習子　唐人の噺
当時の世相が生々しく描写されている。

当時盛衰競

「当時盛衰競《くらべ》」という一枚摺の番付がある（図16）。その下半分は異国人の髪を引っぱり、三味線をふりあげて打とうとする芸子、怒る山の手の大屋にたいし、止め男の車屋と軽子が描かれてある。前述「当時見立画」を簡略にしたもので、「浮世の浪夢の占」「善悪混雑噺」などと同様の趣向である。番付の右側は「流行の方」、左側は「おあいだの方」である。参考までに列記するとつぎのとおりである。

「流行の方」は、てつぽうかぢ・場すへの家主・人入にんそくやど・宿場のにんそく・しやりき（車力）・かるこ・ぢやろうや（女郎屋）・ひようとり（日雇取）・せんどう（舟頭）・のりものや・うまかた・くもすけ・ひとりもの・つゝらや・道中うけおい・ばしや・ぐそくや・一せんめし・とぎや・ぐいのみ居酒・かつぱや・かたなや・手廻り六尺・あらものや・まちづかい・しほものや・つかまきし・かんふつや、となっている。

これにたいし「おあいだの方」は、べつこうや・市中のうり店・ようきう（揚弓）場・げいしや・会せき茶屋・書画屋・けいこじよ・女かみゆい・やつかい沢山・みづ茶屋・しばゐ・さみせんや・大夫さん・かしほんや・はいかいし・よみせあきんど・こまものや・

はなしか・おとりの師匠・うへき（植木）や・せともの や・おもちや・かつらや・とうぶつや（唐物屋）・ほりものし・上菓子や・ゑそうしや（絵草紙屋）・うなぎや、となっている。

「金になる木金にならぬ木」も、その詞書により、当時の板行で世相を風刺したものであることが判明する。その主要なものは、

金のなる木
　十方もな木　異人のねだりこと　いなか家主　在方地主
いそがしき　宿ば人そく　道中うけおい　馬方
ひまのな木　具足師　せんどふ　車力　かる子
金にならぬ木
　ふけい木　会せき茶や　芝居　呉服や
やかまし木　諸人のうわさ　町々のふれ　売ものねあげ
いくしのな木　いきなさむらい　げい人　座とふ　年より
仕よふのな木　はいかいし　大夫さん　げい者　書画や
つまらな木　たいこもち　小間物や　うゑ木や　おどりの師匠

図17　世の中難ぢうりようじ

（東京都江戸東京博物館蔵）

とある。

世の中難渋療治

画工・板元等不明の「世の中難ぢうりようじ」(二枚続、図17)は、国芳画「きたいなめい医難病療治」(嘉永三年六月)を下敷きにしたものである。名医のもとに集まる病人たちの職業は、車力・雲助・舟人(船頭)、場末の大屋、居職(職人)など、急に金を儲けた人々である。反対に不景気に泣いた芸人・金貸し業者も治療をうけに来ており、また二人の唐人も見える。

それぞれの病人への医者の見立ては、腹がふくれて困る車力には、あまり急に銭もうけをしたため美食のたべすぎと診断する。頭痛を訴える船頭には、上方へばかり荷物を積んでのぼるからと答えている。手が曲って困るという場末の大屋には、樽代(引越しの謝礼金)の取りすぎで諸人は難儀をしているのだから、樽代を取るのをやめればすぐに治ると見立てている。首がまわらなくなったという芸人には、借金のためとみる。また金貸し業者は、いろいろの話を聞くたびに気がもめ、腰が抜けたと訴えている。唐人の一人は「わたくしわ足のこうが、うしろにまがつて、あゆめません。あとへもさきへも、いけません」と治療を求める。医者は、もう逃足になっているから治療はできないと断わる。もう一人の唐人は、日本へは二度と来ないから何とか治療をしてほしいと訴えている。

このように「文久のあわて絵」の背景となった当時の世相を戯画的に風刺したこの絵は、その性格上前述したように画工名も板元も不明であるが、刊年は文久三年ごろと思われる。

狂斎画「どふけ百万編」

教訓いろはたとへ

芳盛《よしもり》画「教訓いろはたとへ」（三枚続、板元は古賀〈河〉屋勝五郎。図18）には、文久二年（一八六二）四月の改印がある。右上「れうやくハくちににがし」で、家臣より意見を受けているのは慶喜または水戸をあらわすものであろう。同図中央「ゐも（芋）のにへたもごぞんじなし」とある子供の着物の模様には将棋の駒で、なかに「王将」らしき文字があるようであるが判然としない。左図の「へたのかんがへやすむににたり」も、男の着物の柄が一の字つなぎ（慶喜）のようであるが、現物を見る機会がないのでこのように判読し難いものが少なくない。

当時「文久二年戌年いろは短歌此節浮世の噂」や同じころのものと思われる「いろは短

図18　教訓いろはたとへ

(町田市立博物館蔵)

歌」がある。しかし両者の多くは一致しない。前出芳盛画「教訓いろはたとへ」と対比上、参考までに挙げておく。上段は「文久二年戌年いろは短歌此節浮世の噂」、下段は「いろは短歌」である。

〔右図〕

れうやくハくちににがし	
長州の談話	——
京のゆめ	
(京の夢大坂の夢)酒井若狭守	(京の夢大坂の夢)酒井若狭守
ゐものにへたもごぞんじなし	
田安前大納言	田安前大納言
おにゝかなぼう	
夷人応接水野板倉	——
みからでたさび	
中川家来　妻木田宮	——
るりもはりもてらせバひかる	

水野和泉守　永井主水
ぬす人のひるね
　京都より数多の浪人
ゆだんたいてき
　薩州一条　久世大和守
〔左図〕
としよりのひやみづ
　乗切登城《もふけ役人》
ちりもつもつてやまとなる

ろんよりしやうこ
　此節の御取込
あたまかくしてしりかくさず
　講武所教授水道一件
ゑんハゑ《(ゐ)》なもの

永井主水
御殿山の英人
久世大和守
久須美佐渡守
関出雲守
水戸前中納言
水野和泉守

安藤ヨリ久世へ縁組願　和宮様　　和宮様

めのうへのこぶ

一橋中納言　　一橋中納言

ほねをりそんのくたびれもうけ

水浪関新之助　　支配肝煎

江てにほをあげる

外国人　　勝麟太郎

古志をしの図

「風説集」一〇（東京大学史料編纂所蔵）には、「古志をしの図」（画工・板元・刊年不明）について「右の図（図19）は江戸表より参り候はんじ物、一々わけ書これ有り候なれども参り申さず、荒方かふだろと愚考致し候」と前書きし、つぎのように説明している。その内容は吉田常吉『安政の大獄』に紹介されているが、若干の補足を加えておきたい。

右上の夜討姿の者二人は会津であろう。その下の狸は尾張様。金持て仁義の義なし。一番下の連木を前に置いて思案（「連木で腹を切る」「擂《す》り粉木で腹を切る」の意。丸い棒で切腹しようとするように、不可能なことをしようとするのたとえ）の人は九条関白殿（尚忠、文久

図19　古志をしの図

（東京都立中央図書館東京誌料文庫蔵）

二年六月辞任)。その周辺にいる三人のうち、抜身をふり上げるのは井伊大老の家臣長野主膳(同年八月死罪)。三味線を引く(相手の話に調子をあわせる、または心に思っていることと反対の言動をして、相手をだます)のは九条の家臣島田左近(同年七月暗殺)。願書を差し出すのは本間精一郎(同年閏八月暗殺)。

中央上の蜘蛛の巣の人物は井伊直弼。その背後の二人には説明がないが、将軍家茂と本寿院(前将軍家定の生母)であろうか。その下の槍を持つ人物は説明がなく不明。左上の天神さんが背負うお姫様は将軍夫人となる和宮。その下の「あんばいよし」(「塩梅よし」のことで、物事のぐあい、調子のよいこと)とある衣服を着て片手を上げているのは長州、そのうしろから腰押しをする(尻押し、後援者、助勢者のこと)のは、尊攘派の急進的な公家衆。左下の猫がくわえる太刀は一橋慶喜が石清水八幡宮で賜わるはずの攘夷の節刀(同三年四月十一日)。猫のあとの坊主はお茶坊主。火はまことに独楽《こま》り枡《ます》とある(同年十一月十五日江戸城本丸・二ノ丸焼失)。文久二年後半から三年にかけて、京都での天誅と称する暗殺の横行、尊攘派の支援のもとに長州藩主導の政情を風刺したものである。

「どふけ百万編」

「狂斎百狂　どふけ百万編」(大判三枚続、元治元年〈一八六四〉三月の改印、板元は築地の大金)は、河鍋狂斎《かわなべきようさい》(一八二八〜一八八九)のもっとも代表的な作品の一つであり（図20）、なかなか迫力ある作品である。しかし、同作品は風刺画ともとれるといわれながら、その意味内容はまったく不明であった。

『暁斎』四九号（一九九三年三月）で中村夢乃氏が、同氏所蔵の右作品に付箋があるのを紹介された。中村氏によると、付箋は求めたときすでについていて、誰がつけたかもわからず、また人物指摘が当を得ているかどうかも推理するほかないと述べられている。続けて同誌には吉田漱氏による「読解註」が掲載されている。これらにより、従来判読不能であった同図を解明する端緒が開かれたといえよう。

図20　狂斎百狂・どふけ百万編

（東京大学社会情報研究所蔵）

表2

	図中の人物等(図右側より)	わけ書	付箋
①	小蛸	一橋　足□(壱カ)本　跡ニひかえている	一ツ足
②	小蛸の前のやゝ大きな人物	大きなわけハ土州	トサ
③	銭を持つ人	銭差上ているハ　小笠原図書さん	セゼ
④	③の左隣	具足(ママ)ている人ハ　広しま	ゲイシウ
⑤	船を持つ人	唐舟持て青イ人ハ　豊前小倉さん	――
⑥	頭に蝶の人	長州さん	ナガト
⑦	徳利を持つ奴	備前	ヒゼン
⑧	⑦の左隣の奴	因州、両人は跡から行	――
⑨	坊主侍	嶋津三郎、ほい下りいる	サツマ
⑩	公家風の従者	願書持公家の姿ハ　大和中山	九条
⑪	馬上の人	中川宮	天子
⑫	犬	会津　是ハ中川ニ付ほへている	――
⑬	鯱	尾張さん	ビシュウ

	いろいろ居るハ	午ハよしつね、猿ハ秀吉、くもハ頼光、其外東照宮、信長	——
⑭	大　蛸	足五本、是は御本丸ニ骨なし	御本丸より御台とも罷り御座成の由
⑮	鍾　馗	水戸様、江戸御城預り	ミ　ト
⑯	鍾馗の隣	是ハ北国ニておれが見ているト加賀さん	カ　ガ
⑰	女　性	首筋ニ疵有、紀州、女のよふなぬらくら	キ　シ　ウ
⑱	火　の　首	故人井伊、めいとニ而掃部シウラモヤシイル	ヒ　コ　子
⑲	大当持つ坊主	故人水戸公、十七人井伊首取大当り	中　川
⑳	小　児	小児か前ニ冨士(ママ)と日本橋、異国舟ハ、仙台さん	セ　ン　タ　イ
㉑	右の上にかたより手を出しているハ	かたより手を出しているハ、御家老片倉小十郎、日本ニ付か、からニ付かとおしへている	左倉（佐倉）
		上の星しハ、当時あってよきもの、きへてあるコウブショなどのるいなり	

注　図中の人物等に便宜上一連番号を付した。「わけ書」は『風説集後編』の記述、「付箋」は中村氏所蔵の付箋である。

東京大学史料編纂所に『風説集後編』なる書が架蔵されている。この書のなかに右絵を図示し「右之絵わけ書左ニ」として、絵解きをした記述がある。表2は右記述の紹介とともに、前記中村氏所蔵作品の付箋を併記して一覧表としたもので、両者の比較を容易にするとともに絵の解読の便宜をはかり、二、三のコメントを付記したものである。

これをみると、⑩⑪を除いて、両者はほぼ一致している。⑩⑪の人物については、決定的なものがないため、付箋は世上でさまざまに解釈されていたことを示すものであろう。

画面中央の大蛸は、他の人物等よりはるかに大きく描かれ、絵の中心であるばかりでなく、迫力十分で他を圧するものがある。「わけ書」には「大蛸、足五本、是は御本丸ニ骨なし」とあり、江戸城本丸すなわち将軍を中心とした幕府中枢政権の惰弱を皮肉っている。当時おもな老中は水野忠精《ただきよ》と板倉勝静《かつきよ》（同年六月辞任）および井上正直（同年七月辞任）等である。

当時国内問題としては長州藩対策があり、対外問題では横浜鎖港問題があった。諸大名の間には硬軟さまざまな意見があり、参豫会議も長くは続かず有力な公武合体派の大名がつぎつぎと辞任したため、政局は停頓状態にあった。すでに政治の中心は京都にあって、江戸の閣老にはもはや政局をリードするだけの人物も実力もなかったのである。

図中の小笠原長行《ながみち》（図書）は片腕をあげ、銭をさし上げている。それは前年の文久三年（一八六三）五月に、生麦事件の賠償金（一〇万ポンド）と東禅寺事件賠償金（一万ポンド）をイギリスに支払ったことをあらわしているものである。横浜で強硬なイギリスの要求がある一方、国内では攘夷の朝旨があり、世論も強く攘夷をのぞんでいた。しかしイギリス軍艦を中心とした各国軍艦一七隻で威嚇されては、幕府は戦争を避けるため賠償金を支払うより、他になすすべはなかった。

慶喜は表面上朝旨を尊重する立場から中止を命じ、五月八日に神奈川を出発した。入れかわりに慶喜の側近の一人であった老中格の小笠原長行（図書）が神奈川に入り、翌九日に合計一一万ポンドの賠償金を支払った。あくまでも小笠原の独断的行為であるとして、幕府は朝廷への体裁をつくろったのである。

「わけ書」の末には「右いつれもジズ（数珠）をくり居るハ、異国征伐はやめると、いそがぬのわけなり」とある。この風刺画は弱腰の幕府にたいし、有力諸大名がとなえる攘夷の大合唱を、念仏講の百万遍に見立てているのであり、また幕府の弱腰を風刺したものである。

この絵には前述したように元治元年三月の名主改印がある。その前年の文久三年には長州藩は攘夷を決行して下関事件をひきおこし、翌年にあたるこの元治元年八月には、四国艦隊による下関砲撃が開始されるのである。また同年七月には禁門の変が発生する。内外ともに時局は緊迫し、政情は急変していくことを、この絵は暗示しているようである。

蛙・蛇・ナメクジの三すくみ

松平慶永のもとに届けられた京都からの密使の報告書（元治元年正月十五日付）のなかに、つぎのような内容のものがある。

唯今の京都での風評を申しましょう。こんどの御上洛によって、長州侯の父子ともに、御上京を仰せつけられまして、万一それに背いた時には、幕府から、軍勢をお差向けになりますようにも、相成るかもしれないとの風聞でございます。

このことについては薩州が仲人になっていると申します。

このような関係を戯れに描いた「三すくみ」の絵が売り出されたとかです。これはすぐに絶版になりまして、手に入れることはできません。そこで大略を申します。

蛙は長州、蛇は将軍家、ナメクジは薩摩です。この絵には説明が書いてある様子です。大体は、蛇が蛙の長州を呑もうとすると、ナメクジが邪魔をする様です。描かれた蛙の手や足には、いろいろの地の紋がつけてあります。この地紋によって、堂上の公卿方を、それぞれに示しているとのことでございます。（小池藤五郎編『幕末覚書』）。

右の「蛙・蛇・ナメクジの三すくみ」図は、まだ実物を見る機会をえないが、文面からして京都で刊行されたように思われる。公卿名のある風刺画は珍しい。

慶応期の物価高騰と大政奉還

物価騰貴「春の爪」あげ

政事と能吏は売切れ

安政六年（一八五九）の貿易開始以降、物価はしだいに上昇し、庶民の困窮ははなはだしいものがあった。それはたんに経済問題にとどまらず、幕末における大きな社会問題となり、慶応二年（一八六六）には大坂や江戸で打ちこわしがおこったのである。物価上昇の理由は、開港による輸出品の急増、貨幣制度の混乱、政治・社会不安ならびに市場形態や商品流通機構の変動などがあげられる。

慶応に入っても、米価をはじめとする諸物価の高騰は止まることがなかった。そのうえ再度の長州戦争に備えて、幕府および諸藩の米をはじめとする大量の物資買付けは、大坂や江戸などの諸都市の物資不足をまねき、物価はたちまちのうちに急騰した。

翌二年になっても米価はますます高騰するばかりであった。この年の米価暴騰の理由は右に述べたとおりであって、全国的な米の絶対量の不足ではなかった。また買溜め・売惜しみを行って米価をつりあげ、暴利を貪る米穀商も少なくなかったのである。

安政六年より慶応三年にいたる八年間に米は三・七倍、水油は四倍、繰綿は四・三倍というように上昇し、安政六年の諸値段を一〇〇とすると、慶応三年の平均指数は二九七であった。庶民がいかに物価高に苦しんだかが理解されよう。

当時の江戸町方人口約五四万人のなかで、その日暮らしのものは多数存在していた。去る天保三年（一八三二）風邪流行のおり、全町人のうち約五六％が窮民として登録されている。また同十二年（一八四一）町奉行の調査では、町方人口五六万余人のうち半数（二八万余人）はその日暮らしのものと見積っていた。

平時のおり小売一〇〇文につき八合であった米価は、文久三年（一八六三）には五合に高騰し、さらに慶応二年（一八六六）五、六月ごろは小売一〇〇文につき一合五勺に暴騰していた。まさに「賤民の困苦いふばかりなし」であった。このような米価の異常な騰貴を背景として打ちこわしが生じたのである。当時町奉行所の門外に「御政事売切申候」という落書が貼られたが、おなじころ「諸式高直《こうじき》品物払底、能役人一切売切申候」といった張札も貼られたという。

打ちこわしがおこった五月から六月ごろにかけての米価は、小売一〇〇文について一合五勺ぐらいであったが、八、九月になるとさらに高騰し一〇〇文で一合一勺から、ときには一合を欠くこともあるほど暴騰した。このような物価高騰を背景に、九月江戸中一帯で貧民の屯集騒ぎが生じたのである。同二年の一揆・打ちこわしの合計は一四一件、それに村方騒動を加えると一八六件にたっし、一ヵ年の記録としては、江戸時代を通じて最高の激化を示していた。

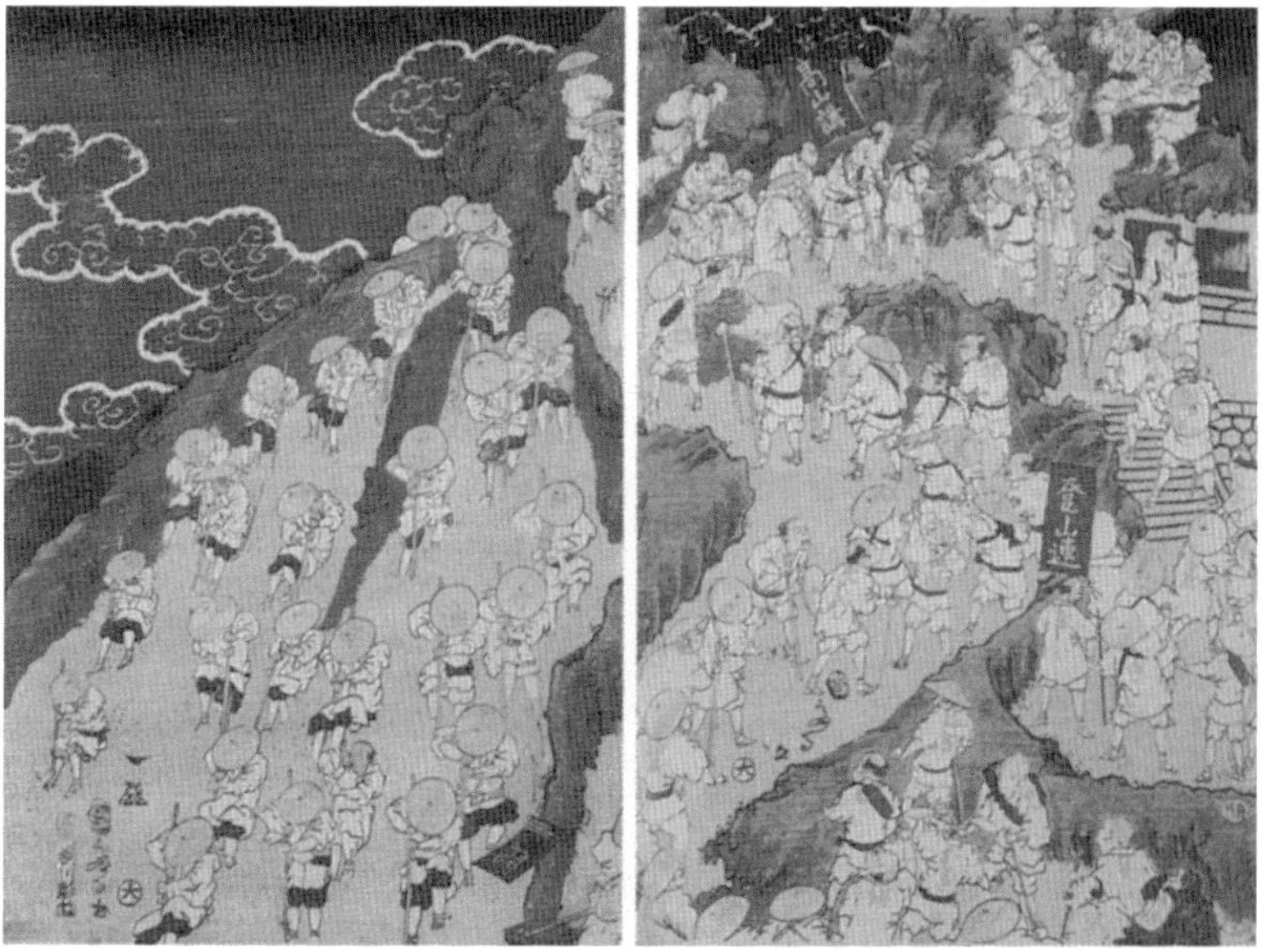

図21　富士山諸人参詣之図
（国文学研究資料館史料館蔵）

物価の凧あげと音あげ

慶応元年（一八六五）六月、二世国輝画「富士山諸人参詣之図」（図21）は、物価上昇を諷したものである。富士山頂近く参詣する諸人の背や笠に鉄・炭・糸などの品名が記されてあり、その数はおよそ七〇ほどある。一方左側には参詣人の降る姿も描かれてあり、魚・青物など約二〇の名前が見え、一部の商品は下落したことをあらわしている。

同年十月、芳虎《よしとら》画「子供遊凧《たこ》あげくらべ」も、物価高騰を風刺したものである。子供たちのあげる凧に騰貴した品物の名が記されているが、それらのなかで上位にあり、しかももっとも大きいのは米と雑穀の凧である。そのほか古着・綿・太物《ふともの》（綿織物・麻織物の総称）・鉄物・炭薪《まき》・紙類・乾物と並んでいる。ついで呉服・水油・鰹節・蠟燭・薬種・水菓子・味噌・下駄・うどんそば・砂糖・畳・船賃・軽子《かるこ》・車力・足袋・塩・湯・すし・玉子・漬物・袋物・髪結など四十余の凧がみえる。これらのなかで青物・種紙・ぶたは反転して下落を示しているが、まだ上っていない凧もある。それは布施物・神料などと記されている。同月の芳盛《よしもり》画「愛宕参詣群集之図」および同年十二月、広重（三代）画「巨登代命《ことしろのみこと》諸色を大樹にくくるの図」も物価騰貴を風刺したものである。

物価上昇はその後もますますはげしく、ついに翌二年五月、江戸では大打ちこわしが生じた。

同二年八月、板行の芳虎画「浮世稽古荷上り繁昌」（図22）は、三味線の「二上り」を「荷上り」にかけて、物価高騰を風刺したものである。

二上り　一ト夜あければ

〽しどくあがれば又直《またね》（音色と直段をかける）もかわる　米のあがりをひともみなチンチン

女師匠に「みなさんのげいが、ひゞにあがりますハ」といわせている。女師匠の右側にいる米屋は「おれハ一ばんさきにあがつたが、だん〳〵こおもしくなつて、これじやアめつたにさかられねへハエ」という。湯屋は「わたしもとうからあがりたかつたが、御ゑんがなくツて、ひかへてゐました、これからおりおりあがります、サテ此《この》おそばは、あがつたしるし、イエモウ、ハハヽヽ、どうしやして」。

左隅で火鉢にあたって稽古の番を待っている紙屋は、「みんなといつしよにあがつたが、米屋のやうにははかゞいかねへ、それでもかんじんかんようのこゑがいいから、しせうのほうでさげさせねへ」。隣りの呉服屋は「おれもとうからあがつたが、さらつてくれてがすくねへから、いつでもあすんでばかりゐるのさ」。横になっている材木屋は「おれもせんからあがつているが、とうじハひきてがすくねへから、マア〱ぼんやりしています」。火鉢にあたっている酒屋は「おれも米屋のつぎのでしだが、まいにちげいがあがるから、ついはりあいでくるやつさ、だからなかなかさがられねへのさ」など、それぞれ値上がりの様子をいっている。

　中央上段には右から米・酒屋・呉服屋・紙屋・雑こく・水油・炭槙・糸屋・わたや・かんぶつ・茶・せうゆ・薬種屋・古着屋・かな物・さとう・ろうそく・味噌・しを・太もの・たばこ・あら物・かつをぶし・さい木・青もの・せつた・からかさ・小間もの・せと

図22　浮世稽古荷上り繁昌

（東京都江戸東京博物館蔵）

物・袋もの・ぬり物と三一点が並んでいる。二段目は右から、唐ぶつ・筆すみ・手ぬぐひ・たびやほか三五点で合計三九点。上下段の合計は七〇点ほどの名前があがっている。

春の昇初め

同二年に国周《くにちか》画「諸色戯場《しょうばいかぶき》春の昇初《あげぞ》め」（三枚続、十二月の改印。図23）は、人気役者の凧あげ姿をかりて、物価騰貴を風刺したものである。しかしまた同時にそれぞれの役者の芸風や当時の評判、人気といったものを上昇した商品に見立てたものとなっているのが特色である。つまり凧に記された商品名と、その凧をあげている役者の評判記めいた詞書とが巧みに相応するように、趣向をこらしたものである。たとえ

図23　諸色戯場春昇初

（国文学研究資料館史料館蔵）

ば左端の「白米」と書いた凧をあげているのは中村芝翫《しかん》で、「日用の大立物、上戸に下戸のけじめなき、しぜんのあいけう、ますく〳〵けいきのよい米」とある。

「白米」に続いて上段にあがる凧の商品名と役者名、それにそれぞれの詞書はつぎのようにある。

酒　彦三郎　元かたもしなすくなのせいか、直打ハぐつと引あげたが、やっぱりすきな人ハ、よも日もあけぬさけ

材木　家橘　しん木をやまから切だして、ばんじめあたらしいゆへか、高直をいとハず、ひつぱりだこのざいもく

蠟燭　三津五郎　あつさりとして、あまりたちがはやすぎる、もそつとあぶらをのせてほしいらうそく

銅鉄　友右衛門　めつきもの丶、跡からはげるきづかひなき丈夫もの、品ハいたつてかたけれど、もすこしあいけうのほしいどうてつ

呉服　田之助　いくらたかくても、はれにハなくてならぬ、かい手ハ、やまほどあるごふくもの

あぶら　権十郎(後の九世市川団十郎)　親父がかい〆て、かうじき(高値)にハされたが、か

い手ハさのみにおもハぬ水あぶら

薪炭（凧は逆転している）　福助　しごくてうほう《重宝》な品であったが、ねうりをしたかして、かみがた《上方》へのぼせたすみまき

紙　亀蔵　もはや世をほご帳にのがれたを、又すきがへしてもちひらるゝかみ

糸　菊次郎　おい〳〵高直にせりあげました、浜でハへつしてうけのよいいと

綿　団蔵　ぱつとハせぬか、なくてハことのかけるわた

〔二段目左側より〕

鰹ぶし　関三十郎　むかしハ初ものと、しようくわん《賞翫》され、今ハひかたまつても、だしのでるかつぶし

しるこ《汁粉》　現十郎　うつハ、おほきけれど、みがすくなうて、くひてのないしるこ

大豆　米升　小つぶながら、このごろでハ、かてにもつかハれぬ大豆小豆

湯　吉六　はたの高直から、入ごみにねをあけせんとう

そは　左団次　さらしなのほそうち、見ばハきれいなれど、かんじんのつゆに、はなれたそは

遊　女　紫　若　小町そとおりもなんのその、でたばかりで、太夫のくらゐハあるゆふ女

干海苔（爪は逆転している）　錦升　お江戸名物のお名まへながら、さのみねうちのあがらぬほしのり

醤　油　太　郎　見ばハわるいが、かみしめてあぢのてるせうゆ

〔上ってない爪〕

魚　訥　升　お江戸の花かた、わけてお女中にハすかれるが、をり〳〵さうば

図24　一寸みなんしことしの新ぱん
(町田市立博物館蔵)

のくるふ魚

茶　九　蔵　きんねん直うちばかりか、目方もぐつとあげられたが、あまりしぶすぎて、はなのうすいちや

かみゆひ　雁　八　なにかの直をあげるなら、めじりもあげてもらひたい、かみゆひ

(小間物)凧なし　国　太　郎　しなによつて、よいもわるいも、まだねうちのさだまらぬこまもの

下段の役者名は、岩田秀行氏の教示によると、左側より、三代目市川九蔵、初代河原崎国太郎、二代目沢村訥升《とつしょう》、六代目坂東三津五郎《みつごろう》、四代目中村芝翫、五代目坂東彦三郎、四代目市村家橘《かきつ》、三代目沢村田之助、五代目大谷友右衛門、坂東吉六、中村雁八(顔は雁八とは異なるように思われる)である。

河鍋暁斎画「一寸《ちょっと》みなんしことしの新ぱん」(三枚続、築地大黒屋。図24)は、慶応三年(一八六七)三月の改印がある。しかしこれは暁斎が元治二年(一八六五)に、信州旅行の途中、高井郡小布施村の豪商高井三九郎宅に滞在中の作品(肉筆画)を、のち大黒屋より刊行したものといわれている。

これも物価高騰を風刺しており、図の右側は、日光男体山・上毛妙義山・信濃浅間山・須弥山・筑波山、行者の足駄、天狗の鼻、赤羽の火見櫓《ひのみやぐら》といったように、もともと「高い」ものを描く。図の中央は右側の「高いもの」と対応して、最近の物高上昇を富士山に登る人々にたとえ、顔のなかに上昇した物価名を入れたものである。絶頂にあるのは米、ついで薪、呉服、糸、それに茶、餅、紙、湯銭、酒等々と続く。いずれも高騰した品々である。しかしつぎに述べるように、刊行をみた三年になると異常な物価高騰もやみ、なかには下落するものも出現した。

諸色の大さがり

慶応二年（一八六六）、一揆・打ちこわしを高揚させた直接の原因は物価の暴騰であった。米価を例にとると大坂では翌三年のはじめに一石銀一四〇〇匁のピークにあったのが、五月の終わりに征長の制札が撤去されると八五〇匁に下り、六月以降に下関海峡の通航が自由となって北国・西国米の廻米が多くなると、豊作の予想も加わって九月中旬には五五〇匁に下落した。京都でも慶応二年の秋銀一一八八・二匁を最高として、翌春には銀一一四七・六匁、同秋には銀六三五・七匁に下落した。江戸も同様に米価は下落した。三年春の一石銀五八六匁を最高として、秋には銀四五七匁へと下落をみた。堀江町米問屋が町奉行に提出した「下米平均相場」によると、三年正月二十五日金一両につき九升五合替であったのが四月には一斗、五月二十五日には一斗五合替となっているのである。

征長中止による平和への回復と、それにともなう物価の下落は素朴な民衆を狂喜させたであろう。その年の六月の改印で国輝画「大集《おおよし》諸色の大さがり」（図25）が板行されているのも、大喜びした庶民の気持を反映したものであろう。「諸職人」「店かり町人」「いちどう（一同）」など記された着物をきた町人たちが「ありがたい〳〵」と両手をあわせ、神前に供物をして拝んでいる。それにたいして左端の「トイヤ（問屋）」と書いた着物を

図25　大集諸色の大さがり

（東京都江戸東京博物館蔵）

きた町人に「ア、しくじつた、こんなにはやく下るとしつたら、かいこまなくツてもよかつたケ」といわせている。また空財布をにぎって頭に手をやった米屋の姿もみえる。

翌四年二月の改印がある歌重画「銭太平金相場合戦」は、銭相場の下落からくる貨幣制の混乱を諷したものである。図の右側は金千両を頭とする小判や一分銀などであり、左側は天保通宝などの銭側である。この両者がたがいに戦う構図である。図の左手に「両替所御書上ヶ相場　小判六十目銭時の相場」（傍点筆者）とあり、その時どきの相場（銭時）は、戦争の時のようだという風刺を含むものであろう。

大政奉還と風刺画

第二次征長と風刺画

慶応元年（一八六五）四月、幕府は前尾張藩主徳川茂徳《もちなが》を征長先鋒統督に任命し（翌月紀州藩主徳川茂承《もちつぐ》に交替）、五月十六日将軍家茂は征長のため江戸を進発した。すなわち第二次長州征討である。すると同月、一魁斎芳年《いっかいさいよしとし》画「真柴久吉《ましばひさよし》公《こう》名古屋《なごや》御陣《ごじん》先手《さきて》之《の》諸大将《しょだいしょう》朝《てふ》鮮州江くり出シ之図」（三枚続）がでた。朝鮮の「朝」は長州藩の「長」に通じるわけであり、しかも「朝鮮」の「鮮」の字だけをことさらにふりがなを付けていない。第二次征長をあてこんだものであることは明らかである。

同年閏五月の改印のある一雄斎《いちゆうさい》国輝画「長州壇之浦赤間関合戦」（三枚続）がある。絵は源平の合戦となっているが、第二次征長を諷したもので、幕府軍の勝利を想定したものであろう。同年七月の五雲亭貞秀画「源頼朝公不二之御狩之図」（六枚続）も第二次征長の役を意味するもので、源頼朝は将軍徳川家茂、富士の巻狩で追われる猪や鹿は長州藩兵に見立てている。しかし実際の戦は長州藩兵のほうがはるかに優勢であった。

翌慶応二年八月、五雲亭貞秀画「官軍大勝利」（三枚続）がある。天正五年（一五七七）松永久秀が織田信長の軍に信貴《しぎ》山の居城を囲まれて滅亡するとき、久秀の子の小次郎が父親の首を抱いて火中に身を投じる絵である。しかしそれは第二次征長の役の戦場を風刺したものであるという。官軍（幕府軍）大勝利は願望にすぎず、九州の小倉城、山陰の浜田城は長州藩によって占領されていたのである。さらに翌三年正月改印のある一魁斎芳年画「豊臣勲功記兵曾加部堀之陣江夜討ノ図」（三枚続）は、豊臣秀吉が天正十三年（一五八五）四国の長宗我部《ちょうそかべ》元親《もとちか》を平定する夜戦の様子を描いている。しかしこれも幕府軍が長州藩を攻撃している夜戦の想像図である。

慶応二年八月、十三代将軍家茂の死後、同年十二月までの間、将軍職は空位であった。慶喜は困難な政局を前にして、多くの人々の推薦のもとに将軍職につこうとしたのであろう。慶喜およびその側近らは幕権強化につとめ、同時にフランス公使ロッシュと密接に結びついて、軍制改革を中心に着々と幕政改革をすすめていった。これにたいして薩長を中心とする討幕派の動きがあり、また別に幕府の大政奉還により武力を行使しないで、平和的に幕府専制の解消をはかる動きもあった。この三つの動きは、たがいにからみあっていたので政局はきわめて複雑な様相を展開した。しかし、つきつめると幕府対反幕府ということになる。したがって多くの藩では勤王派と佐幕派との暗闘が行われた。

江戸の庶民は時勢の動きを単純に幕府側と反幕府側との二つにわりきってみていたのであろう。慶応三年四月の豊原国周《くにちか》画「頼光館土蜘《つちくも》　異《くわいゐ》　倣図《をなすのづ》」は、世相を佐幕派と討幕派の対立に見立て、その抗争を背景としており、当時の社会を風刺したものである。それはかつて天保十四年（一八四三）、江戸中を湧かせた国芳の「源頼光公館土蜘作妖怪図」（三枚続）にならった構図をとり、頼光以下を当時の人気役者にあてている。浅井忠助氏によると源頼光は沢村訥升《とつしょう》、渡辺綱は市川市蔵、坂田金時は中村芝翫、平井保昌は市川家橘、卜部《うらべ》季武《すえたけ》は大谷友右衛門、臼井貞光は河原崎権十郎、土蜘の精は沢村田之助であるという（『近世錦絵世相史』一）。

同年十月三日、土佐藩主山内豊信は大政奉還について、後藤象二郎らの案を老中に提出した。将軍慶喜は同月十四日、大政奉還の上表を提出し、翌日許可となった。その同じ十四日に討幕の密勅がでたのである。そして同年十二月の「王政復古の大号令」の発布となった。

難病療治

慶応三年（一八六七）ころの板行かと思われるものに無落款《らっかん》で「こがらし竹斉難病療治」と題した二枚続の風刺画がある（図26）。それは名医のもとに、それぞれの難病奇病をもった患者が治療のため訪れたさまを描いたものである。去る嘉永三年（一八五〇）六月に歌川国芳《くによし》が描いた「きたいな名医難病療治」という有名な風刺画をまねたものである。しかしその内容はなかなか鋭いものがある。

それぞれの病状で、病人である諸藩の動向を痛烈に風刺している。患者の着物の柄によって、難病奇病の病人がどこの藩であるかが一見してわかるようになっている。二、三の人物について紹介しておこう。

「めなしのやまひ」は、右手に布をもって目をおさえている少年を描いており、「わしハめが見へなくてこまり升」といっている。着物には「王将」の駒がみえるから、朝廷方をあらわすことは間違いなかろう。あるいは幼帝である明治天皇とも解されよう。手の長い病の男は、悪者の浪人風で、着物はかすりであるから、薩州藩をあらわすものと思われる。「かう人の物がほしくてハ、先生こまった物で御座り升、どうぞ五段めでてつぽう（鉄

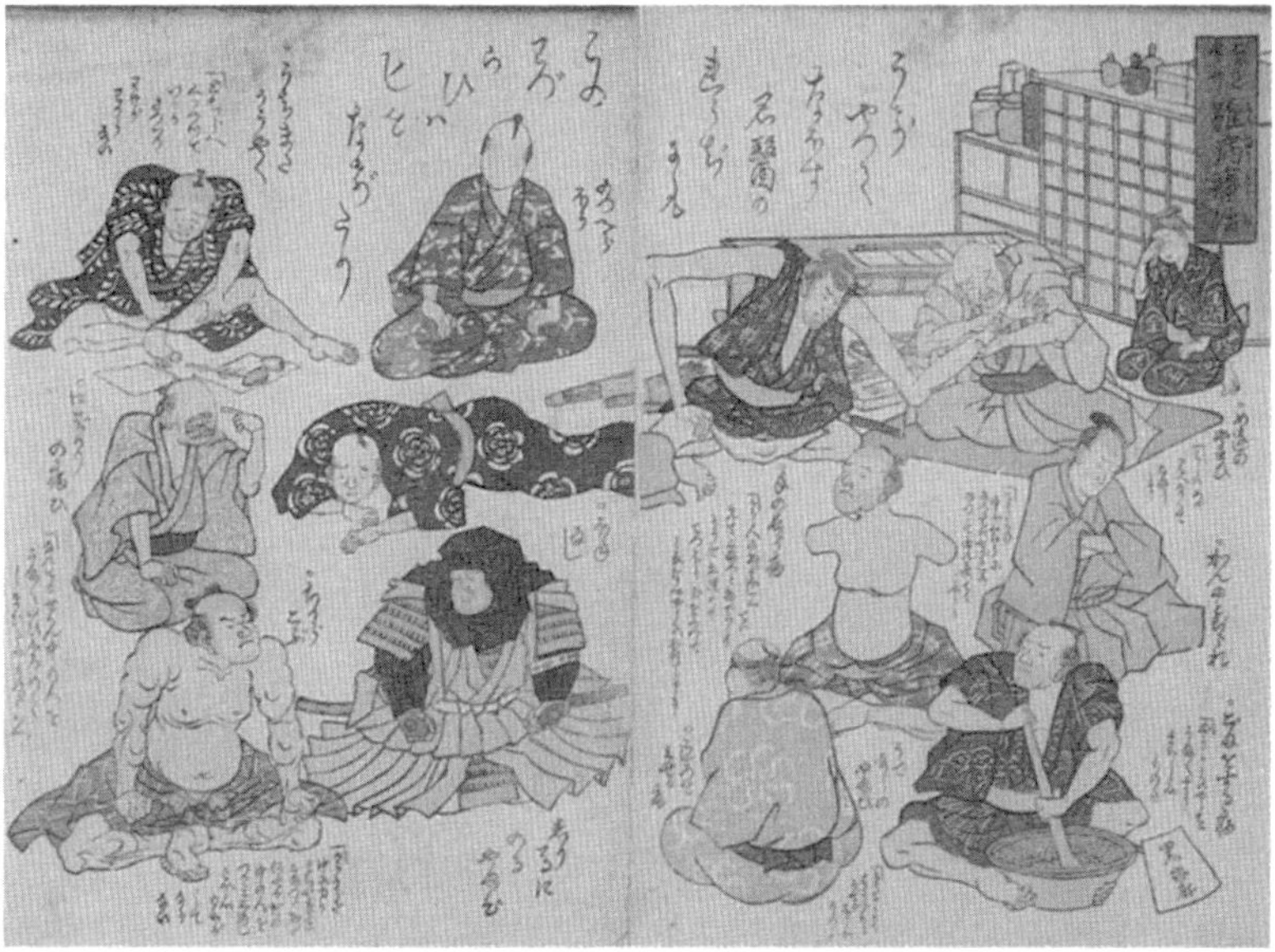

図26　こがらし竹斉難病療治

（東京大学社会情報研究所蔵）

砲）玉をくつて、しなないやうにお頼ミ申升」とある。忠臣蔵の悪役定九郎のセリフをもじったものであることは明らかである。

「〳〵どちらへくッついてい丶か、さつぱりわけがわからない」といっている「うちまたこうやく」の男の着物には、萩の模様があるから長州藩を示すのであろう。「かんにとぢられ」ているのは徳川慶喜で「こうよの中がくらうになつてハ、せかれ（伜）にやつてゐん（隠）居てもしやうか」とある。

そのほか「ごまをする病」「うでなしのやまひ」「うしろをみせる病」「しり馬にのるやまひ」「ほねなし」「のつぺらぼう」「口ばかりの病ひ」などの病人が面白く描かれている。その風刺画の上部には「うけやつて、なおす名医のれうじ（療治）にも、このわづらひハ匕《さじ》をなげたり」と大書しているのも、また皮肉なものである。

戊辰の春

「カツ鳥」と「子をとろ子をとろ」

カツ鳥

慶応三年（一八六七）十二月二十五日、旧幕府側は、薩摩藩による江戸市中や関東一円の擾乱《じょうらん》工作などによる挑発にたまりかねて、江戸で薩摩藩邸を攻撃するという軍事行動をおこした。大坂にいた旧幕府軍はこれを聞いて京都に進撃を開始し、いわゆる鳥羽・伏見の戦いとなった（翌年正月三日）。

これより先、在京の諸藩は形勢を傍観するものが多く、薩長両藩は戦勝の自信はなかった。そのため西郷吉之助は、薩長側が敗北し、旧幕府軍が入京のおりは、天皇を女装させて山陰道より芸・備にむかうことを岩倉具視《ともみ》へ献言している。そのため岩倉は比叡山遷幸と称して、その準備を命じたほどであった。

緒戦の勝利によって、形勢を凝視していた諸大名や三都の特権商人たちは薩長側になびき始めた。なかでも近畿以西の諸藩の多くは薩長側についた。

慶応四年（一八六八）正月、幕府軍が鳥羽・伏見で敗北すると、その月のうちに照皇斎《しようこうさい》国広画「毛理嶋山《もりしまやま》官軍大勝利之図」（六枚続）が上方で板行された。毛理は毛利（長州藩）、嶋は島津（薩摩藩）、山は山内（土佐藩）の三藩を意味する。つまり薩長土の三藩を中心とした討幕軍が、鳥羽・伏見の戦いで幕府軍を敗退させた戦闘状態を描いたもので、「官軍大勝利」とうたっている。しかも大坂城は炎上しており、幕府軍の敗北を無遠慮に描いている。江戸では三〇〇年近く将軍膝元《ひざもと》の地という伝統のため、佐幕的心情があって、とうてい考えつかない図である。照皇斎国広は上方の絵師であり、このころ上方で板行をみたものは、反幕府的色彩が強いのが特色である。やはり上方の絵師である照皇亭貞広も同じころ「山崎大合戦」（三枚続）を描いているが、じつは戊辰戦争の京坂地方の戦いをあらわしたものである。

頭は兜《かぶと》、羽は大筒などで描いた怪鳥を「分鳥」と名付け、そのルビには「ぶんどり」（分捕り）とふり、一名「カツ鳥《てう》」とある。これは討幕軍の勝利を意味するものであるが、「サツ鳥」とする異版もある。この場合は薩長を指すのであろう。北陽山人の戯誌によると、今年正月上旬より浪花の東に来り云々とあるところなどから、鳥羽・伏見の戦いを風刺したものであることは明らかである。その鳴声は「ヲ、ケツコウ〳〵」と鳴くと記し、鳥羽・伏見での戦勝を祝している。雄の頭は兜、体は鎧《よろい》で固め、羽は鉄砲・大砲の形である。雌は総身四文銭や小判である。「二羽ともに太平をつかさどる鳥」であるとしるし、麒麟鳳凰《きりんほうおう》になぞらえている。

同じ大坂で刊行をみたと思われるものに、「天保山はなの賑ひ」（二枚続、画工名不詳。図27）がある。子供遊びの「お山の大将」に仮託して、戊辰《ぼしん》戦争を風刺したものである。「お山のぬしハ、おれひとり」と大書した頂上にいるのは長州藩と薩摩藩である。突き落とされて転げおちている子供の腕には「徳川」の文字が見える。土佐や尾張・彦根藩などが、これを見て笑っている。それにたいして山の下で「くそでもくらへ、てめへのほふから、けんかをふつかけて、四ノ五ノいっても、五分でもまけるもんか」と怒っているのが会津藩である。改印も画工名もないが、「天保山」とあるところや徳川の敗北をはっきりと扱っているところなどから、大坂での刊行と思われる。このようにほぼ同じころの作品であると思われるのに、江戸と上方では立場がまったく逆の絵が描かれて刊行されているのは、きわめて対照的である。

図27　天保山はなの賑ひ

（国立歴史民俗博物館蔵）

図28　幼童遊び子をとろ子をとろ

（町田市立博物館蔵）

子をとろ子をとろ

「子をとろ子をとろ」という子供遊びは、鬼遊びの一種である。一人が親となり、そのうしろに何人かの子供が一列につながる。別の一人が鬼となって最後尾の子を捕らえようとするのを、親が両手をひろげて、これをさえぎる。最後尾の子がつかまると、その子が鬼となる遊びである。古くからある子供の遊びを、佐幕と討幕の二派にみたてた着想が目新しい。この種の子供遊絵のなかではかなり早いほうである（二枚続、三代広重画、慶応四年二月の改印、板元は丸屋平次郎である。図28）。

右側の先頭の子供はカスリ布であるから薩摩藩をあらわし、以下着物の柄の模様で尾張藩（大根）、土佐藩（亀甲）、一人おいて津藩（蔦《つた》）、岡山藩（くぎ抜き）、彦根藩（橘）、長州藩（萩）である。左側の先頭は会津藩（当の文字）そのうしろは、桑名藩（蛤《はまぐり》）、隣りは庄内藩（井桁《いげた》、烏帽子《えぼし》に酢漿《かたばみ》）、旗を持つのは姫路藩（注縄《しめなわ》、江戸弁のしめは姫に通ず）、一番うしろで「ヲイあいぼうチャン、しつかりやんなへ、うしろにハおれがついているから、大丈夫」といっているのは徳川慶喜（一の字つなぎ）である。そこには江戸庶民の慶喜への期待感をみることができよう。

「がき大将の長松どん」はひときわ大きく描かれている。背に負われた幼児は明治天皇をあらわすのであろう。当時討幕派の志士とよばれた人たちの間では「玉（天皇）を取である。

れ」といった隠語がさかんに使用されていた。この絵はそれを見事にあらわしているのであ

「子供遊勇当独楽《いさむあてこま》」（二枚続、画工・板元不詳）も改印がないが、ほぼこのころのものでろう。「当独楽」は、独楽をまわして激しくぶつけあい、勝敗をきめる男児たちの遊びである。この遊びをする子供たちを描いて戊辰戦争を風刺したものである。右側は長州藩（萩の模様、背に長の文字）、薩摩藩（籠目の模様、背にサの字）、尾張藩（大根）であり、幼児（明治天皇）を背負うのは土佐藩（三柏紋《みつがしわ》）である。左側は庄内藩・会津藩・仙台藩などである。右のように幼児（明治天皇）を背負う人物を描いた（多くは長州・薩摩・土佐）のは他にも認められる。一連の「子供遊び」図のなかでも、「子供遊連名附」「子供けんくわの図」は長州藩が幼児を背負っている。「子供遊お山の大将」では長州と薩摩の両藩の合印を着物の模様に付した二人の子供が幼児を支えているのである。

三〇万余の風刺画

政府軍の江戸入り

鳥羽・伏見の戦いで旧幕府軍が敗北すると、朝廷は直ちに追討の軍を発した。これにたいして山内豊信《とよしげ》、伊達宗城《むねなり》は鳥羽・伏見の戦は薩長二藩と旧幕府および会桑二藩との私闘であるとの見解を主張したが、朝廷は徳川家を朝敵とすることに決定し、正月七日の夜、慶喜の追討令を発した。

列強は一月二十五日、局外中立を宣言した。これにより、旧幕府や新政府側の諸大名は、アメリカやイギリスから軍艦などを購入しようとしていたが、それが不可能となった。列強は日本国内での内戦が長期化し、市場が混乱するのを回避しようとしたのである。この局外中立の宣言は、現実には新政府側に有利であった。事態の不利をみた慶喜は、しだいに恭順の態度を明確にし、二月十二日には江戸城を出て上野寛永寺に移った。

鳥羽・伏見の戦いで勝利をえた新政府は、二月九日総裁熾仁《たるひと》親王を東海・東山・北陸の三道の軍を統率する東征大総督とし、西郷吉之助などを大総督府参謀に任命した。総数約五万と称された軍隊は同月十一日より十三日にわたって続々と京都を出発し、東海・東山・北陸の三道よりそれぞれ江戸にむかって進軍を始めた。東海道先鋒軍は早くも三月十二日には品川に到着して高輪の薩州藩邸に入り、正副総督は池上本門寺に陣した。東山道先鋒軍の本隊は三月十三日板橋に達し、板垣退助の率いる別軍は翌十四日江戸に到着し、十八日市ヶ谷尾州邸に入った。また北陸道先鋒軍は四月四日江戸につき、総督は浅草東本願寺に陣したのである。

一方、幕府の若年寄以下の役人たちは、三月十五日に江戸城より田安邸に移って残務の整理にあたっていた。これより以前の三月六日熾仁親王は駿府で軍議を開き、江戸城進撃期日を三月十五日と決定した。すでに江戸城周辺に滞陣する政府軍の意気はさかんであり、これをみて彰義《しょうぎ》隊をはじめとする旗本・御家人たちはますます憤激し、江戸の町々には殺気が充満していた。

三〇万余の風刺画

右のように緊迫した政治・社会情勢を背景として、江戸ではさまざまな風刺画がつぎつぎと板行されていった。『俚巷《りこう》風話』（国立国会図書館蔵）には「此時（慶応四年二月ころ—筆者注）江戸にて市井の利に趨《はし》る者、当時の事情を鳥獣食物類又は芸尽し児供の遊戯《ゆうげ》其他古戦古事に擬し、着服の模様に依て其人物の分る様に画き薩摩ハ紺がすり長ハ萩、会津ハ蠟燭、土佐ハ鰹節、井伊ハ井崩シ　藤堂ハ蔦の類錦絵に仕立て板刻し潜《ひそか》に鬻《ひさ》きて利を得るもの多し、鄙俚猥雑素より視るに足ずと雖、好奇の徒争買て珍什とす」とある。

また『藤岡屋日記』には、

此節官軍下向大騒き壱通ニ而、市中絵双紙屋共大銭もふけ色〻の絵出板致し候事、凡三十万余出候ニ付、三月廿八日御手入有之

右荒増之分

子供遊ひ子取ろ〱あわて道外六歌仙

とある。一つの板木から一〇〇〇枚刷ることは可能である。とすると約三〇〇余種の風刺画がこの戊辰の春に出現したことになる。当時の風刺画がおびただしく現存すること、多くても約四〇〇種の板行という鯰絵の現存状態との比較や、前述『藤岡屋日記』の記述等々から、右の三〇万余という数字は事実とさほどかけ離れた数字ではないと思われるの

である。

「幼童遊び子をとろ子をとろ」については前述した。「名物合戦之図」（図29）や「諸色大合戦」（図30）は、ともに画工名や改印がなく刊年不明であるが、『俚巷風話』にいう「食物」でもって時の政情を風刺したものであろう。前者の右側は政府軍側で、最後部の人物の顔は菊の紋となっている。その前の金の鯱《しやち》は尾州藩、轡《くつわ》は薩摩藩、鰹節は土佐藩、蜜柑は紀州藩である。左側は旧幕府軍側で大将らしく采配を振るサイコロの一の目は一橋家出身の徳川慶喜、その前の鶴は庄内藩（城下町は鶴岡城）、蠟燭は会津藩、塩竈大明神は仙台藩、宮嶋ようじは広島藩であろう。

後者の「諸色大合戦」は、諸国の産物や名産品でもって、政府軍と旧幕府軍との争いを表現したものであろう。右側が政府軍で「百人一首」は官軍、大根は尾張藩、蜜柑は紀州藩、アキタナ・うり家は安芸広島藩、姉様人形は博多人形で筑前福岡藩、伊勢ひじきは藤堂藩、おはぎ（ぼたんもち）は長州藩、鰹節は土佐藩、薩摩絣は薩摩藩である。左手は旧幕府軍で、薩摩絣を相手に戦う膳椀《ぜんわん》は会津塗の会津藩、笹に竹は仙台藩、蛤《はまぐり》は桑名藩、注連縄《しめなわ》は姫路藩である。

図29　名物合戦之図

（国立歴史民俗博物館蔵）

あわて絵の再現

慶応四年の江戸は、その年あけから混乱を深めていった。まず鳥羽伏見の戦いでの敗北により、慶喜をのせた軍艦開陽は十一日夜半品川沖に投錨した。まもなく敗残の兵士が陸続と紀州から船でもどってきた。彼らは敗北直後であるため気がたっていた。しかも彼らを収容する宿所はなく、食糧も欠いたうえに俸給さえも十分でなかった。そのため彼らは憤慨して党をくんでつぎつぎに脱走し、その数はおよそ一〇〇〇人にもたっした。勝義邦（海舟）は、その日記二月一日の条に、「錯乱紛擾甚だしくして、是を御する道無し」と記している。江戸の市中はもとよりその近在は、東

図30　諸 色 大 合 戦

(町田市立博物館蔵)

征軍進撃の噂に加えて、これらの乱暴を働く脱走兵への不安におののいたのである。

神田雉子町の名主斎藤月岑《げっしん》は『武江年表《ぶこうねんぴょう》』に「早春より、西京大坂戦争ありて、人心おのづから穏ならず」と記し、さらに「三月頃より、人心穏ならず、諸方へ立退くものあり、又闘諍《とうそう》辻斬等多く、夜中は別《わけ》て往来尠《すくな》し、又強盗多し」とある。さらに『月岑日記』(東京大学史料編纂所蔵)には、「三月廿上弥《いよいよ》穏ならず、上旬より中旬へ亘《わた》り御大名御はた本町方共諸道具持退く」「(三月)十九日、諸人資財雑具所々へ持出し穏ならず、廿一日、道具持運びしもの巷上多し」とある。

前述したように三月の中ごろには、薩長を中心とする新政府軍は三道より江戸に入り、同月十五日を江戸城攻撃の日と決定していた。また彰義隊をはじめとする旗本・御家人と新政府軍兵士との抗争は日々に激しくなり、流言蜚語《りゅうげんひご》もますます盛んとなって、庶民の不安はいっそうつのるばかりであった。そのため近郊に疎開するものが続出すると、近在の農家の離れ屋敷の値段は急騰した。また混乱に乗じて盗賊が横行し、途中あるいは避難先で盗賊にあい、一切の家財を奪われるものが多数でて、人心はますます動揺した。かつて文久期にみられた現象が再現したのである。それにともなって再び「あわて絵」が出現した。

図31　当時流好諸喰商人尽

（町田市立博物館蔵）

「当時流好諸喰商人尽」（二枚続、無落款。図31）は、戊辰春のころの板行と思われる。同図のなかで侍が「イヤどこを見てもにもつをはこぶてナア」とつぶやいている。また中央上部には、背に「アハてろアハてろ」と記した着物を着て荷物をかついだ軽子風の男は「なんでも本所のしんるいへあづけるがよかろう」といっている。江戸の市民は続々と近在へ避難したころにでたと思われる「三下《さんさが》りほれて通のかへ唄」（一枚、改印なし）には、

〽にけて行のに何こわかろう
　ふねや車でたどたどと
　……皆あわてすぎ
　エ、ェいやな田舎のわびずまへ
　とうするりやァ　よいのかわからない
　まへ日はなしがかわります

とある。この一枚刷の左端に「慶応戊辰四月十三日得」と書きこみのあるものがあり、文面からしても板行の時期はこれよりさほどへだたっていないと思われる。

　このように多くの人々が近在に避難し、あるいは荷物を運んだことは、当然交通運輸にたずさわる業者を潤した。そのころ「なんだいぶし」が流行した。

〽もふけてのめるハ
　此ごれん中　なんだへ
道具やくるまに
　せんどうさん　ヨヨイノ　ヘチヤムクレなんだへ　ヨヨサ　ヤツチル〳〵

とあるように車屋・船頭・軽子などの運輸関係の業者は大儲けであった。

文久年間に出現した「あわて絵」が、戊辰のはじめごろ再び板行のあったことは、さきの『藤岡屋日記』や右の「当時流好諸喰商人尽」などでみたとおりである。「どきやうのはらの上、あわてといふ手」（二枚続、無落款。図32）は、その一つであろうか。無落款なので右はあるいは文久の板行かもしれないが、ここに紹介しておきたい。図の右上には「サア〳〵いまのうち、ばんとうも女房も、はしばのりやうへ、にげろ〳〵あわてろ〳〵〳〵」と騒ぐ人々が描いてある。また大きなつづらを背負った男は「うち（家）をうつ（売）て田舎へひつこむとハ、これもあわてろ〳〵」といっている。左側の金貸し座頭は「サア〳〵〳〵いつもとちがって利足ももときん（元金）も、とりあつめろ、あわてろ〳〵〳〵」といい、質屋は「此あわてがでゝきてハ、もうしち（質）ハかされぬ、あわてろ〳〵〳〵」と頭をかかえている。これにたいして逆に居なおった人々もいたわけで、そ

図32　どきやうのはらの上　あわてといふ手

(町田市立博物館蔵)

図33　新作浮世道中

（町田市立博物館蔵）

れを「がまんどきやう（度胸）」「つぶといどきやう」「やけどきやう」「くそどきやう」「さけどきやう」（片肌ぬいで酒を呑む男）、二人づれの女は「芝居見物はなみ（花見）どきやう」とある。花見とあるところから、この絵の板行の季節は春であることを示している。神田雉子町名主の斎藤月岑は、その日記の十九日の条に、多くの人々が家財道具を運び出し、街は不穏であると書いている。ところが同月末には、飛鳥山の花見に人出があったとも記しているから、右の絵はいわゆる「絵そらごと」ではなく、事実を描写したものであろう。

「新作浮世道中」（二枚続、無落款。図33）は、人々が江戸から近在へ荷物を運ぶさまを諷したものである。右手の道標に「このところ　どきやう（度胸）が原」とあり、そこで酒盛をしている人の説明はつぎのように記している。「やけのやん八、へいき平左衛門等大酒盛」、「此原にて酒もりしておとりさわぐ人ある中に、女房まいり酒をとめ（止）せけん（世間）のはなしをすれど、一向ききいれず、女房一人りにて内をかたづけ、引こし坂へおも（む）く也」。そのばに「此はし（橋）に渡り掛り、どちらへゆかふか、しあん（思案）する人多し」という「しあんはし（思案橋）」がある。空には真黒な「やミくも（雲）」がたちこめており、「此雲ハどきやうが原より出る、前後もわきまへず向みづにて末ハ雨天かくれといふ」と記している。思案橋の下には「もをよしの川」が流れ、その説明には「此川安泰山のふもとより流出ス、人々よしの川といふ」とある。右手の山々は「やうがい山」と「みかけた山」であり、左手には「ぢせつ（時節）お松（待）」、「ありがたき（滝）」がみえる。

「これより左り、あわて野」と書かれた道標のそばを、大きなつづらを背負った男が女房の手を引き、また大八車に荷物を山のように積んで車力が運んで行く。右手に「おどろ木の森」があり、「此辺を通る人々は、どきやうが原の人々とちがひ、きんたまのちいさき、おくひやう（臆病）の人なり」の説明が付してある。また「此辺にさんざい（散在）ばたけ（畑）有」という。「引越坂」には駕籠舁《かごかき》や大きな荷物を背負った人、老人らしく杖をつく人が描かれている。引越坂の説明には「此坂ハ人々すみなれしはんくわ（繁華）の地をはなれ、なんじう（難渋）峠をこへて、さみしき場すへにおもむく道に有ル坂なり、名物こし弁当」とある。「難渋坂」を越えると「安泰山」にたっするらしい。そこには「此山より金のなる木出る、ふもとに長者村・米有村・豊年寺あり」と記してある。

「道化六歌仙」と「三国妖狐伝」

江戸開城の前夜

三月十五日に予定されていた江戸城攻撃を目前にした十三日、東海道先鋒総督府参謀木梨精一郎は、西郷の命を受けて横浜におもむき、イギリス公使パークスと会見した。江戸が戦場化すると必然的に横浜にも大きな影響をおよぼすため、あらかじめパークスの了解をとりつけるためであった。

パークスは、恭順の意を表わしている慶喜を討伐するのは人道に反するといい、慶喜討伐には強硬に反対であることを表明した。さらに横浜が混乱して貿易が衰えると困るから、とりあえずイギリス兵二大隊・フランス兵一大隊を派遣して、警備させていると告げた。新政府の旧幕府にたいする過酷な処置が、旧幕府側の絶望的な反抗を誘発し、内乱を拡大かつ長期化することをパークスは望まなかったのである。西郷はパークスの江戸城攻撃に強く反対する意向であることを知ると、しばし愕然としたという。

しかし西郷はパークスの談話をかくしておいて、十四日、田町の薩摩藩邸で勝と会見した。勝の提出した嘆願書を西郷は大総督に取りつぐことを約束し、明日にひかえた江戸城攻撃の中止を正式に指示した。西郷は京都に急行し、直ちに三職会議が開かれ、勝の提出した嘆願書を大幅に採用した徳川処分案が二十日に決定をみた。西郷はこの処分策をもって翌二十一日、再び京都を出発して江戸に入る以前、四月一日横浜でパークスと会見した。そこで慶喜の処分策をパークスに話し、了解を得ている。処分策を徳川側に伝える前に、まずパークスに内示してその了解を仰ぐほど、パークスの政局にたいする圧力は強かったのである（石井孝『明治維新の舞台裏』）。

前にもふれたようにパークスは、内乱の拡大が日本の市場を、生糸の産地というそのもっとも重要な地帯において荒廃するのを憂慮して、政府軍の行動に制約を加えようとした。勝はパークスの天皇政府にたいする影響力をフルに活用し、政府側の無条件降伏の要求を緩和させるのに成功した（石井氏、前掲書）。勝のもっぱら個人的な手腕として美談化されているが、右のような歴史的背景は、もっと広く理解されるべきであろう。

図34　官金取立寄合

（町田市立博物館蔵）

このころのものと思われる風刺画に、「官金取立寄合」（三枚続、無落款。図34）がある。「官金」とは、座頭が貸付ける金のことである。目の悪い座頭を保護する幕府の政策として、一般の金融より高い利息を取ることが認められていた。図34の右側の「城名方之寄合」で大きな帽子状のものをかぶっているのは明治天皇である。「わしにハいつこうわからんさかい、きさまたち、よいようにしてたも」とある。そのすぐ左手の座頭は薩摩藩をあらわす。「なんでもきびしくかけやつて、いつたんにとりたてるがよくござる」といっている。左手前の座頭は長州藩で「イヤ〳〵かけやいもなにもいらぬ、かしたものをとるのだ。むやみにおしかけてとるがよいテヤ」とこれまた強硬である。

これにたいして左側の「一名方之寄合」（旧幕府軍側）では「これ〳〵手あらくしてハならぬ、なげいてとるかよからう」といい、「さうとも〳〵、こちらからひたすらなげいて、たましてとるのが一の手でござろう、なにこともおんびん〳〵」とある。両陣営のもつ気風といったものの一端を巧みに表現している。この絵の画工や板元たち庶民のうけとめ方の差異をよく示したものといえよう。図の上部には「とるとれぬ　ういた浮世の其中を　杖にてわたる　一名城かた」という狂歌が記されている。

「子供遊び夏の栄」（二枚続、無落款。図35）は、江戸城をめぐる争いを子供の喧嘩で風

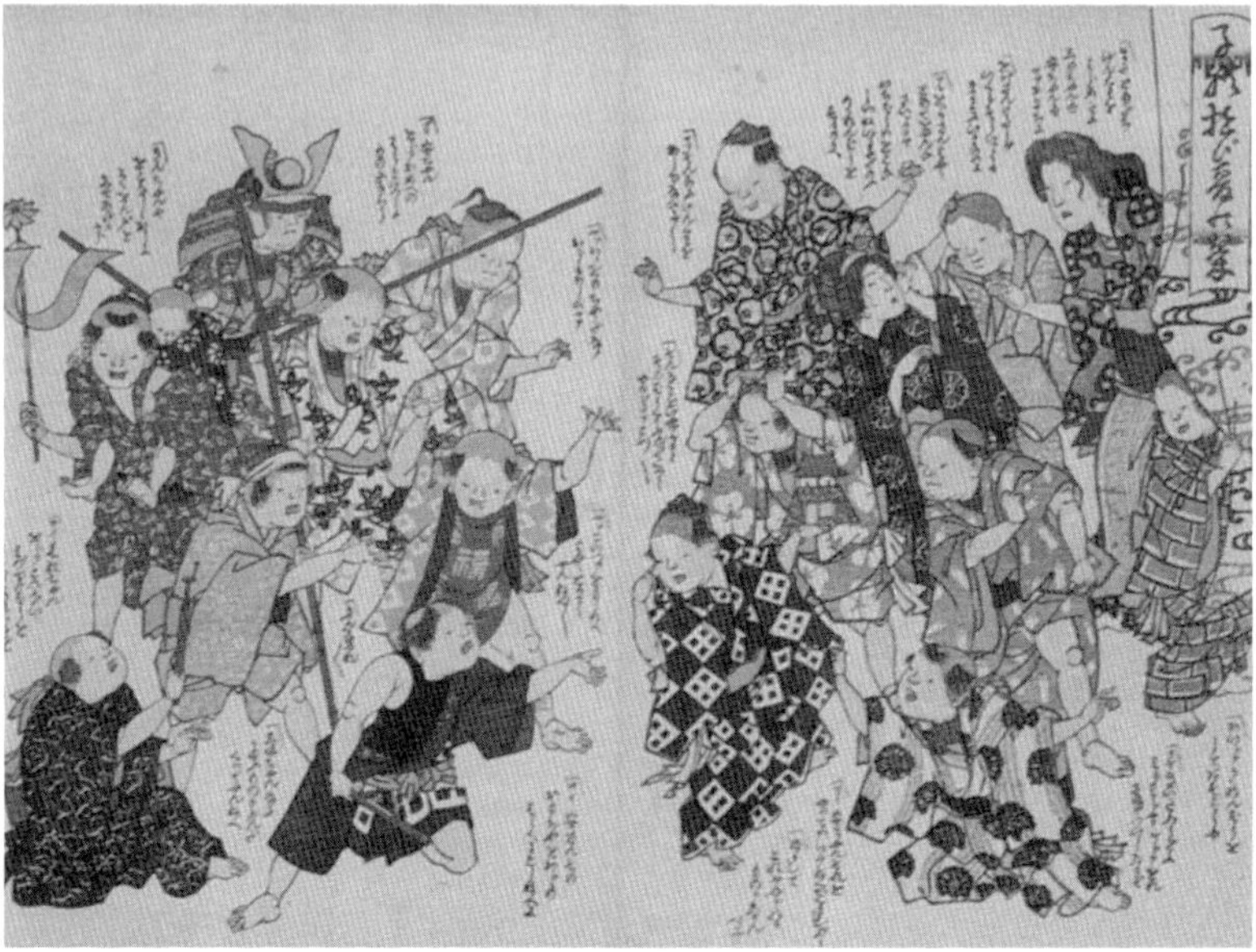

図35　子供遊び夏の栄

（町田市立博物館蔵）

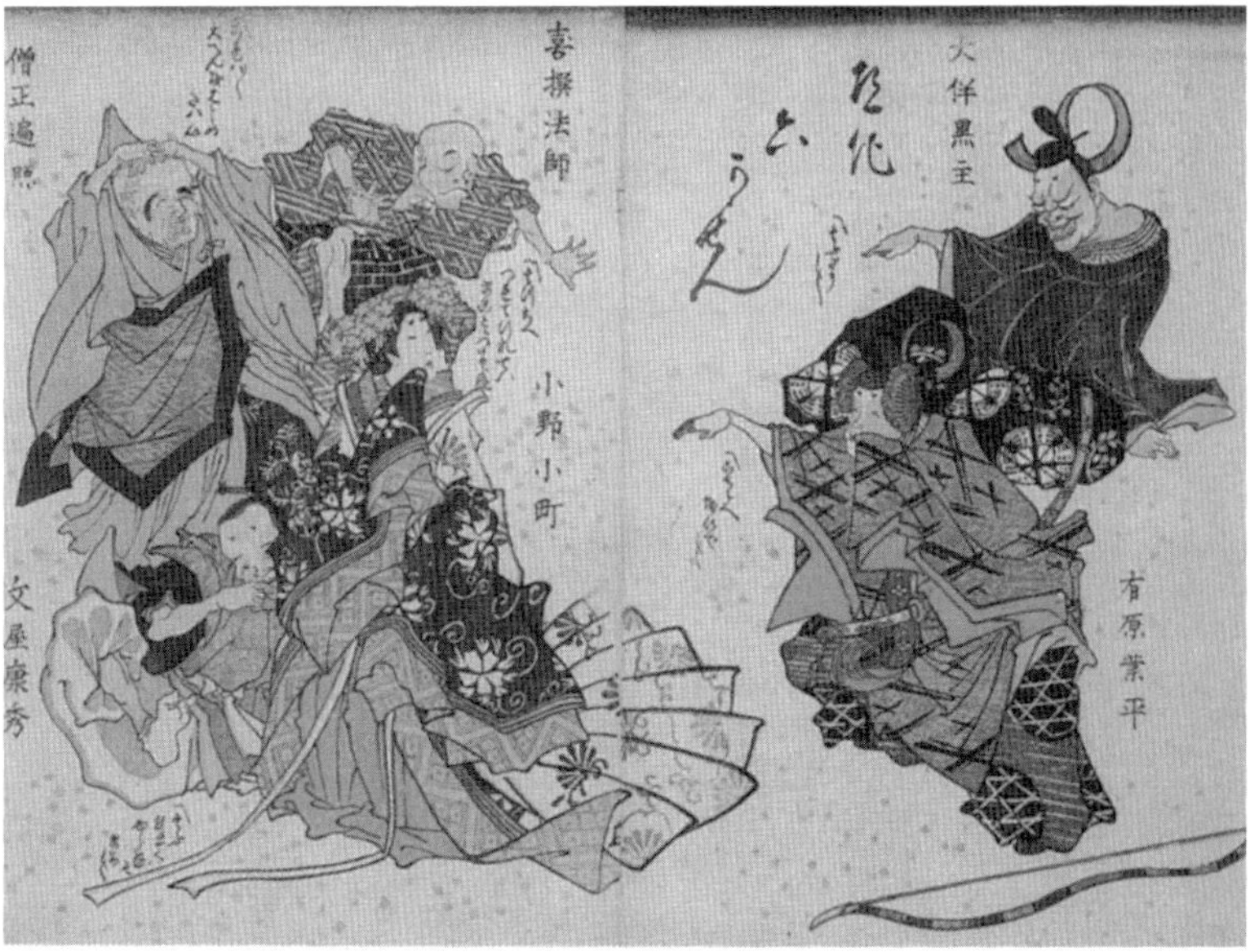

図36　道化六かせん

(町田市立博物館蔵)

刺したものである。図左側のグループの先頭にいて「ヲイ安さん、そのおもちやを　おらのはうへよこしねへよ」というのは薩摩藩である。その背後で「しまちやん、なにかまふものか、ふんだくってやんねへ」とけしかけるのは長州藩である。

図右側で城の玩具（江戸城）を持ち、「どうしてこれがやれるものか、あかんベヱー」をしているのは田安亀之助である。そのうしろで「ヲイ安ちやん、それをやってハいけねへぜ、をよしよ〳〵」というのは仙台藩。「ヲヤきいたふうだよ、わらわしヤァがらア、をれさまがついてゐるぞ」と腕まくりしていきまいているのは会津藩である。

「またともだちげんくわをはじめたよ、しまちやんも安ちやんも、マアおまちよ」と仲裁しようとするのは天璋院《てんしょういん》、「アレをッかさん、はやくとめてをやんなさいよ、ヲヤ、いちばうハをとなしいね、いゝ子だのふ、かくれんばうをするのかへ」といっているのは静《せい》寛院宮《かんいんのみや》（和宮）である。「いちばう」とよばれた子供は徳川慶喜のことで「おいらァかくれんばうをしてあそばうや」と、喧嘩にくみしない。庶民の眼に映じた江戸城をめぐる二派の争いと、慶喜への期待とそれに応じようとしない彼の態度を皮肉をこめて描いたものであろう。

道化六かせん

このころ、六歌仙でもって戊辰戦争の双方を風刺したものがある。「道化六かせん」（二枚続、無落款。図36）の小野小町は静寛院宮、喜撰法師《きせんほうし》は徳川慶喜、僧正遍照《そうじょうへんじょう》は輪王寺宮、文屋康秀《ふんやのやすひで》は会津藩をあらわすのであろう。小野小町に誘いをかけているのは薩摩藩の在原業平《ありわらのなりひら》、長州藩の大伴黒主《おおとものくろぬし》である。「道外《どうげ》六歌仙」（図37）では、小野小町（静寛院宮）を大伴黒主（勅使）、在原業平（薩摩藩）、喜撰法師（長州藩）などが取りまいている。いずれも静寛院宮の安全を願い帰京を願う朝廷側の思惑を風刺したものであろう。中に入ってなだめている僧正遍照は輪王寺宮であろう。背景には扇をふって声援している勝魚節（鰹節、土佐藩）、大根（尾張藩）、黒ぬり（会津藩）などが描かれている。同絵について、戊辰の四月三日、二一六文で購入した旨の書き入れをしたものがある（東京大学史料編纂所蔵）。

鎌倉時代に活躍した人物に仮託して、戊辰の主要人物や有力諸藩を風刺したものがある。「かるたあわせ鎌蔵武勇六家仙」（無落款）はその一つで、それぞれの人物の説明に「いろはカルタ」の詞を巧みに利用している。北条時政（ゐんの下の力もち）は薩摩藩。九郎義経（ほねおりそんのくたひれもうけ）は旧幕府軍。政子御前（おいてわ子にしたがへ）は天璋院。江間小四郎（ゐしのうへにもさんねん）は紀州藩。大江広元（えてにほふあげ）は長州

図37　道外六歌仙

（町田市立博物館蔵）

図38　鎌倉三人なまゑい

（町田市立博物館蔵）

藩。源実朝（みからでたさび）は徳川慶喜である。

「鎌倉三人なまゑい」（二枚続、無落款。図38）も名主改印はないが、このころのものと思われる。笑う大藤内は朝廷で冠には薩摩藩をあらわす籠目の模様がある。「わし　お神さんのよふに、おがんでいるさかいに、だん〳〵とつきやいが、ひろくなるよッて、うれしくて〳〵ならぬアハハ……、そこで心ゆきのどゝ一ヲ一ッづツやりませふ、市さんもあいさんも、そうないたり、わろふたりせづに、ちッとうき〳〵さんセイナア、〽神ぐらはやして、神主さんハ、人のあたまのざいおとる」とある。

工藤祐経《すけつね》は会津藩で「〽百目ろうそく、みわくらしとも、今にあかりお立て見せふ。おれハ、はらがたッて〳〵どいつも〳〵あいてだ、これからわ、おれがどこへでも、あばれこむァー」と怒っている。

泣く曾我十郎祐経《すけなり》（成）は徳川慶喜で「〽人の口にわ、戸が立られぬ、うきなたつのでたびずまい。アイさん、おまへわそふはらお立が、おれハかなしくて〳〵、みのおきどころもないから、いつまでもおやまのはんおしてもつまらないから、田舎でもいこおと思」とある。「何時迄もお山の番」とは、慶喜が江戸城を出て上野寛永寺に入っていたことをいうのであろう。「田舎に行く」とは、やがて江戸開城の当日早朝に水戸に去るのである。

とら御前は「花のあづまにわしやたゞ一人、トキワズ梅川、わがとゝさんかゝさんハ、京の六条のじゆずや町、ま一度あいたい、かゝさんに」とあり、和宮を風刺したものと思われる。

囲碁の勝負をかりて、江戸開城を風刺したのが「三国妖狐伝」（二枚続、無落款。図39）である。左側の「きみ大じん」は衣冠束帯の姿で菊の紋がある。勅使を示すものであろう。「そなたにしろ（白と城＝江戸城をかける―筆者注）がもちきれやうか、こつちへわたしてへいこうするか、それがいやなら、しやうぶをするか、二ツに一ツのへんとうせよ」と江戸開城をせまっている。その背後の武士（薩摩藩）は「そんなことでハ、手のろい〳〵、四の五のいはさず、一トうちやんねへ」をはじめ、隣りの武士（土佐藩）は、「せんせいになりかハり、おれがせうぶをしてみてへ、ヱ、ぢれつてへ、きり〳〵しねへ」とある。立ちあがっている武士（長州藩）は「此おれをさしおひてハ、白ハだアれも、もちてハあるめへ」といっている。

勅使の隣りの武士（尾張藩）は「こゝの所ハそつちがへいこう、しろをわたしたその上で、一ばんくふうを又しなせへ、その時おれもじよごんをしまさア」といっている。右側の女性（天璋院）には「どちらがかつても、又まけても、ほんにこまつたものだ」といわせている。右側異国人の姿は旧幕府をあらわすものである。「おゝせのおもむき、おそれ

図39　三国妖狐伝

（町田市立博物館蔵）

いり、ハイ〳〵、しろをおわたし申す」とある。

しかし背後の武士（仙台藩）は「うしろにおれがひかへてゐる、もう一トせうぶやんねへ〳〵」とある。また女性の背後の武士（会津藩）は「しよてから、おれが、じよごんをするに、ヱ、〳〵きのいひ人だなァ、是からおれが引うけて、一トせうぶして手なみをみせう」と、ともにもう一度の勝負をのぞんでいる。

江戸の開城

忠臣蔵四段目

勝義邦（海舟）との会見を終えた西郷吉之助は直ちに江戸を発し、三月二十日に京都に到着した。直ちに朝議が開かれ、徳川家処分案の大綱を容れることに決定した。四月四日、勅旨を徳川家に伝えるため勅使橋本実梁《さねやな》・柳原前光《やなぎわらさきみつ》は西郷吉之助以下約六〇人を従え、午後一時ごろ江戸城に入った。そこで徳川家処分の条項を示し、これを遵奉《じゅんぽう》すべきことを命じた。田安慶頼《よりよし》はこれを慶喜に伝え、奉答することを約した。このおり江戸城の内外にはいまだ不穏の気が漂っているのを察知した勅使は、直ちに本門寺に帰った。慶喜は翌五日、旗本にいよいよ恭順を旨とすべきことを布告し、七日には朝旨を受ける請書を提出したのである。

開城当日の様相

その後も江戸開城の準備は着々と進められた。四月九日に静寛院宮《せいかんいんのみや》（和宮）は清水邸に、翌十日には天璋院《てんしょういん》が一橋邸に移った。四月十一日の江戸開城の当日、事変突発に備えて城門警備の旧幕兵は撤退させられた。勅使にかわって参謀海江田《かいえだ》武次・木梨精一郎の二人が尾張など七藩の兵を率いて入城し、尾州藩をして城郭を請け取らせた。旧幕臣のなかには悲憤慷慨するものが少なくなかった。もしも城引渡しの仕事が御三家の一つである尾張藩でなかったら、どのような変事が勃発しても不思議ではないといったほど不穏な情勢であった。

大総督熾仁《たるひと》親王は、四月八日駿府を発して十四日、江戸の芝増上寺（現、港区）に入った。しかし市中にはなお不穏な気が漂っていたため、にわかに池上本門寺（現、大田区）に移ったほどである。しかし翌十五日、以前より九段に屯集していた旧幕兵は、兵器・弾薬を熊本藩に差し出して帰順したため、市中はやや平静となった。そのため宮は再び増上寺に入ったのである。その後市中は鎮静化していったため、四月二十一日宮はようやく江戸城に入った。三〇〇年来徳川将軍の居城であった江戸城は、ここに新政府の大総督府となったのである。

子供芝居忠臣蔵

子供芝居の忠臣蔵四段目の城あけわたしを描いて、江戸城のあけわたしを風刺したものがある（二枚続、無落款。図40）。顔世御前《かおよごぜ》の役は天璋院で「わしア山がさきへゆくのはいや、とののぼだいおとむろふて、いつまでもここにいたいなア」とある。上使に挨拶をするのは田の字つなぎの模様のある着物をきた子供（田安亀之助のち家達）で、「御状《(ママ)》使様にハ御くろふせんばん、おかまいなくとも、いざまづこれへ、おとをりくだされ」と出迎えている。先頭の石堂右馬丞《うまのじょう》の役は薩摩藩、山名二郎の役は長州藩で、大威張りで「はんぐわん《(判官)》のなきのちは、はやく屋しき《(敷)》おひきわたせやアい」と憎々しげに罵っている。これに続くのは土佐・尾張・彦根・紀州の各藩が描かれ、錦旗をたてている（四月十一日江戸開城の当日は、尾張・薩摩・長州・熊本・備前・大村・佐土原等七藩の兵士が入城したのであって、彦根・紀伊の藩兵は入城していない）。正面の衝立には江戸城と大手門が描いてあり、一見して城の明けわたしであることを示している。

城門外での場面で、大星由良之助《おおぼしゆらのすけ》の役は鐶つなぎの模様（旧幕府軍）の袴であるが、また蠟燭《ろうそく》も見えるから、会津藩をもあらわすものであろう。詞書《ことばがき》には「かたがたハしずまりめされ、此《この》由良之助が胸にあるわい」とある。力弥《りきや》の役は酸漿《ほおずき》の模様から庄内藩をあらわし「じやと申して、このまゝにてハ、あまりむねんな」といっている。外幕の引込みに

図40　子供芝居忠臣蔵四段目

（町田市立博物館蔵）

図41　道外茶ばん忠臣蔵四段目

（町田市立博物館蔵）

は丸一の紋の羽織に葵散らしの笠をかぶった慶喜が通り「同四段目のうら、本ごくひきうつりば」とある。すなわち江戸開城の同じ十一日早暁、慶喜は浅野氏祐をはじめ精鋭隊・遊撃隊士などを従えて寛永寺を出発し、水戸へ退去したのである。これに従う供侍の着物には観世水《かんぜみず》・青海波《せいがいは》・トの字の染出しがあり、いずれも水戸藩であることを示している。子供遊びを主題とした風刺画のなかの傑作の一つである。

「仮名手本忠臣蔵」四段目の赤穂城引き渡しをもって、江戸城の引き渡しを風刺したものに「道外《どうげ》茶ばん忠臣蔵四段目」(二枚続、無落款。図41)がある。道外は道化とも書き、滑稽・冗談の意味である。茶番は茶番狂言の略で、道化芝居のこと。正面の大きな衝立には城の影絵が浮びあがっていて、江戸城を示唆している。衝立の右かげには薩摩藩・長州藩などの政府軍がいる。左手のおっとり刀の一団の先頭は会津藩である。中央にあって左右双方をなだめているのは尾張藩(着物にダイコの文字あり)である。当日、七藩の兵を率いて海江田武次・木梨精一郎が入城したが、城郭をうけとったのは御三家の尾張藩であり、諸藩士は諸門を固めたのであった。そのためもあってか、当日は流血の惨事もなく、無事に終わったのである。

子供遊端午の気生

端午の節句を使って江戸城明けわたしを描いたものに「子供遊端午の気生」（二枚続、無落款。図42）がある。

庭先にいる子供たちの先頭で「おいぼんちゃんの内へお上りな、そふしてをのぼりと人形をおもらい」というのは薩摩藩である。一人おいて右側の先頭は長州藩で、その詞書には「うしろの子供立、をいらとまつさんとがき大正（将）に成って、外ニ入（居）るから大丈夫だよ」とある。薩長の間にあって左右から手を引いてもらっている幼児は勅使をあらわしているのであろうが、幼帝の明治天皇を示唆したものと解することもできよう。冠にはここでも籠目（薩摩藩）の模様がついている。その前にあって先導している子供は尾張藩である。尾張の名産の大根は二またになっている。尾張藩の動向にたいし「御三家の一つであるのに……」という割りきれない江戸庶民の感情がここでも見られる。

家のなかから「皆さんあがってお遊な、わたしハとなりへ行から、るすをたのミます」というのは天璋院である。左側の「おいらもとうくへ遊にゆこう」といっている子供は徳川慶喜であり、右側の子供は着物の田の字の模様から田安亀之助と思われる。物かげより様子をうかがっている子供たちの先頭は、烏帽子《えぼし》についた鐶つなぎの模様から、旧幕府軍をあらわしている。その詞書には「みんなが、のぼりや人形をもらって行て、おしいもん

図42　子供遊端午の気生

（町田市立博物館蔵）

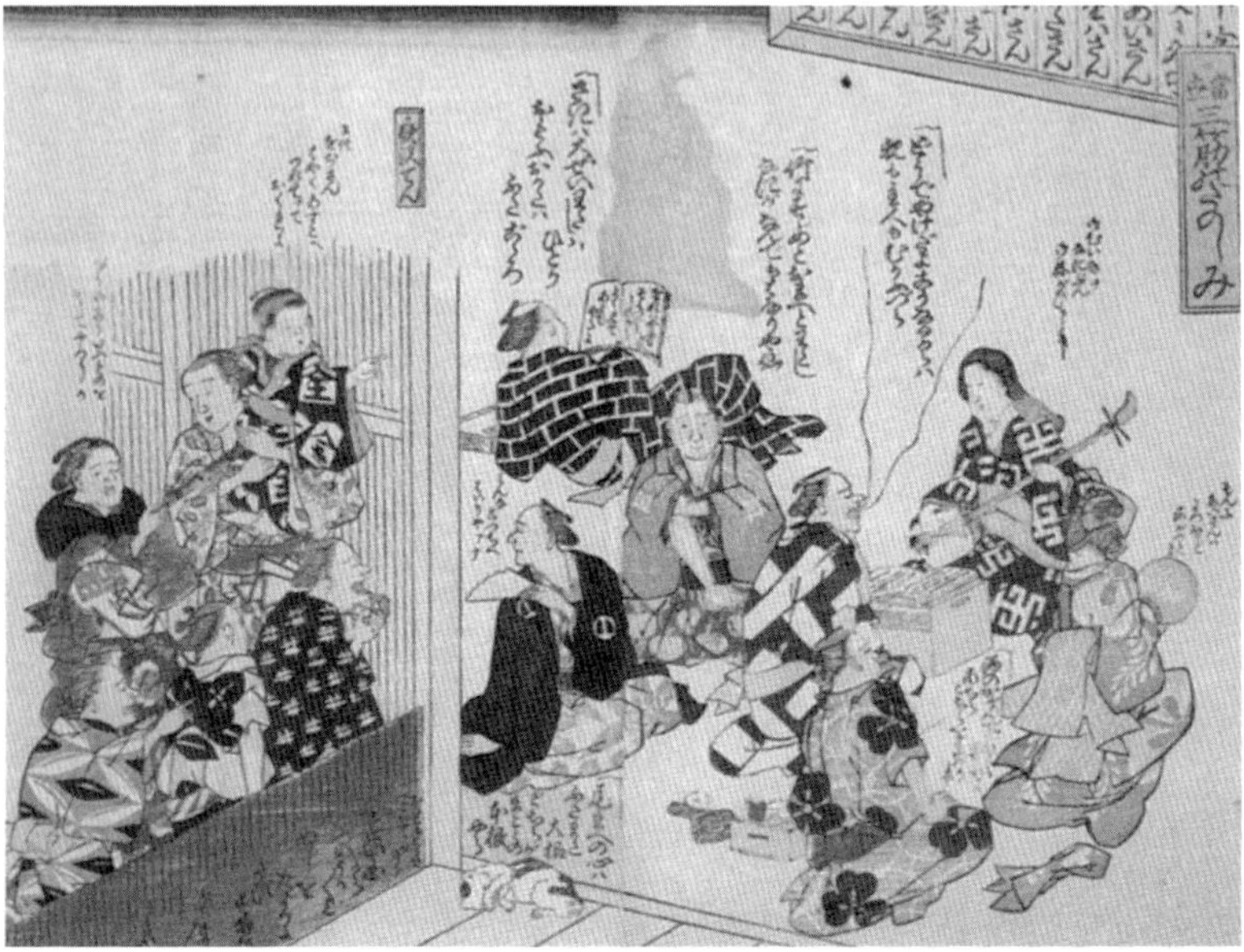

図43　当世三筋のたのしみ

（町田市立博物館蔵）

だな」とある。五月の節句の武者人形でもって、江戸城をあらわしているのである。

幕末のころ、江戸では女師匠に小唄や都々逸《どどいつ》などを習う男弟子が多く、このような稽古所を題材として戊辰戦争を風刺したものがある。その一つに「当世三筋《とうせいみすじ》のたのしみ」（二枚続、無落款。図43）がある。表の表札には「歌沢てん」とある稽古所のなかでは、女師匠の天璋院が弟子に稽古をつけている。その詞書には「唐木さいくの三味せんよりも、わたしやわぼくの琴がよい」とうたっていて、「御ひいきを、なにぶん、おねがひ申升」とある。そばの娘風の女性は静寛院宮で「ほんに、あいさんハ、よつぽどあがつたよ」といっている。稽古をつけてもらっている男弟子のあいさんとは会津藩のことであって「どうでやけだよ、こうなるからハ、親も主人もむかふづら」と大声でうたっている。そのそばにいるのは庄内藩で「酒のかげんで、うか〳〵井でゝ、あちらこちらをまハり升」とある（庄内藩主は酒井氏である）。

本を読んでいるのは徳川慶喜で、「さきハ大ぜい、わたしハひとり、おもふおかたハ、ふたごゝろ」とあり、本には「をれハ今やると、そう〴〵しいから、よく見てあとでやるよ」と書いてある。江戸庶民の慶喜への期待感がここにも見うけられる。影法師は仙台藩で「竹にすゞめと、おまへとわたし、なにがなんでも、はなりや仙」とある（竹に雀は仙台藩の家紋)。右腕を出しているのは紀伊藩、戸外にむかって「みんなこつちへはいりやアナ」と声をかけているのは尾張藩である。そばの詞書には「尾まへの心ハふたまた大根、どちらがまことの本根やら」とある。江戸城を稽古所に風刺しているのである。

家の外にいる人々の先頭は薩摩藩であり、ついで彦根藩、阿波藩、隣りは津藩である。詞書には「おれもこゝで一ばんやらかさう、〽遠い国からついうか〳〵と、ぬしをたよりにたびすまひ」とある。「をぢさん、はやくあすこへつれてッておくれよ」といっている幼児は明治天皇、これを抱いているのは長州藩である。

世の中天眼鏡

人相見のもとに武士や町人(ともに主要な諸藩をあらわす)、女性(天璋院と静寛院宮)などの客が集まり、それぞれへの見立てでもって時勢を風刺したものに「世の中天眼鏡」がある(二枚続、歌重画、慶応四年閏四月改印。図44)。絵の中心は天眼鏡で人相をみてもらっている武士にたいする人相見の評であろう。

〽さてお先の武家からみませう。おまへさんの相ハ、何事も我身ニしきうけて、ほねをりしが、かへつてみのわざわいと相なり、ぞくに申えんの下の力持申が、しかしその内にハ我身のあかりもたち、むねもはれると申もの、とかくつゝしみがかんじん、ぢせつをまつがよろしう御座るてナア

図44　世の中天眼鏡

（東京大学社会情報研究所蔵）

といっている。右の武士の紋は太鼓に巴《ともえ》の紋をきかしているところから、巴九曜が家紋の備中松山藩主板倉勝静《かつきよ》であろう。勝静は老中職にあって大政奉還などの中心人物の一人であった。戊辰戦争では日光近傍で会津藩兵や旧幕府兵に擁されたが、まもなく政府軍に幽閉される。やがて大鳥圭介に救い出されたが再び敗北し、会津に走る。右の絵は勝静が会津にあったころに刊行をみたものである。

客のなかには職人姿の徳川慶喜の顔があり、「わつちのを一ツみておくんなせへ、こんどの大しごとが、一ばんうけあつてやりてへもんだ」といっている。「今度の大仕事」「一番請けあってやりてへ」とは、交戦中の会津藩に加担することを意味する。開城後の江戸庶民の慶喜への期待と願望がこめられたものであろう。

丸く納まる君団子

庶民の安堵

旧幕臣たちの無念の感情とは別に、江戸の庶民は江戸開城の交渉がまとまり、戦火を免れたことを率直に喜んだ。これを端的にあらわしたものに「六歌仙の図」（無落款。図45）がある。「りうこうけん（流行拳）」と題し、狐拳《きつねけん》でもって平穏無事に終わった喜びをあらわしている。狐拳は三人一組でする。狐（両手を上げて手首を曲げ、狐をあらわす）の僧正遍照《そうじょうへんじょう》は輪王寺宮、猟師（鉄砲を持ったかまえ）の文屋康秀《ふんやのやすひで》は旧幕府軍、そして庄屋（両手を膝の上におく）の大伴黒主《おおとものくろぬし》は勅使すなわち政府軍側をあらわすのであろう。その詞書には、

よい〱よい　さてもこん度の引こしハ　丸くおさまる　四方《よも》のけん

図45　六 歌 仙 の 図

(町田市立博物館蔵)

こいつハまた目出たい　一けんまいりませう　チヨチンガ　ヨヤサ

とある。

江戸開城にともない、政府軍の江戸完全占拠、慶喜が上野を去り水戸におもむいたことを「こん度の引越」とうたったものである。なお、図45には六歌仙のうち残りの三歌仙の姿は見えない。本図は二枚続一組のうちの一枚であると思われる。

神田の町名主斎藤月岑《げつしん》は『翟巣《てきそう》漫筆』の戊辰三月二十四日の条に「向島花見の人存外出る……飛鳥山も人出よし」と記しており、近在に避難するものがある一方、花見に出るものも少なくなかったようである。花見には団子がつきもので、当時の落書に

世の中の丸くおさまるしるしにや　日毎にふへし団子見世《みせ》かな

とある。幕府が崩壊した江戸では、旗本や御家人たちは生活のため馴れない商売を始めなければならなかった。いちばん多かったのは汁粉屋、団子屋、炭薪屋に古道具屋であった（塚原渋柿園「三十五年前」〈『文芸倶楽部』明治三十六年一月〉という。「当世風行大団子」（二枚続、無落款。図46）は、右のような世相を背景としている。

図の右側で大きくて美味《うま》いと食べているのは薩摩・長州・土佐などの政府軍の諸藩である。詞書には「うまひはく〳〵、又くってハなかく〳〵、こたへられねへ」「おふきひはく〳〵、

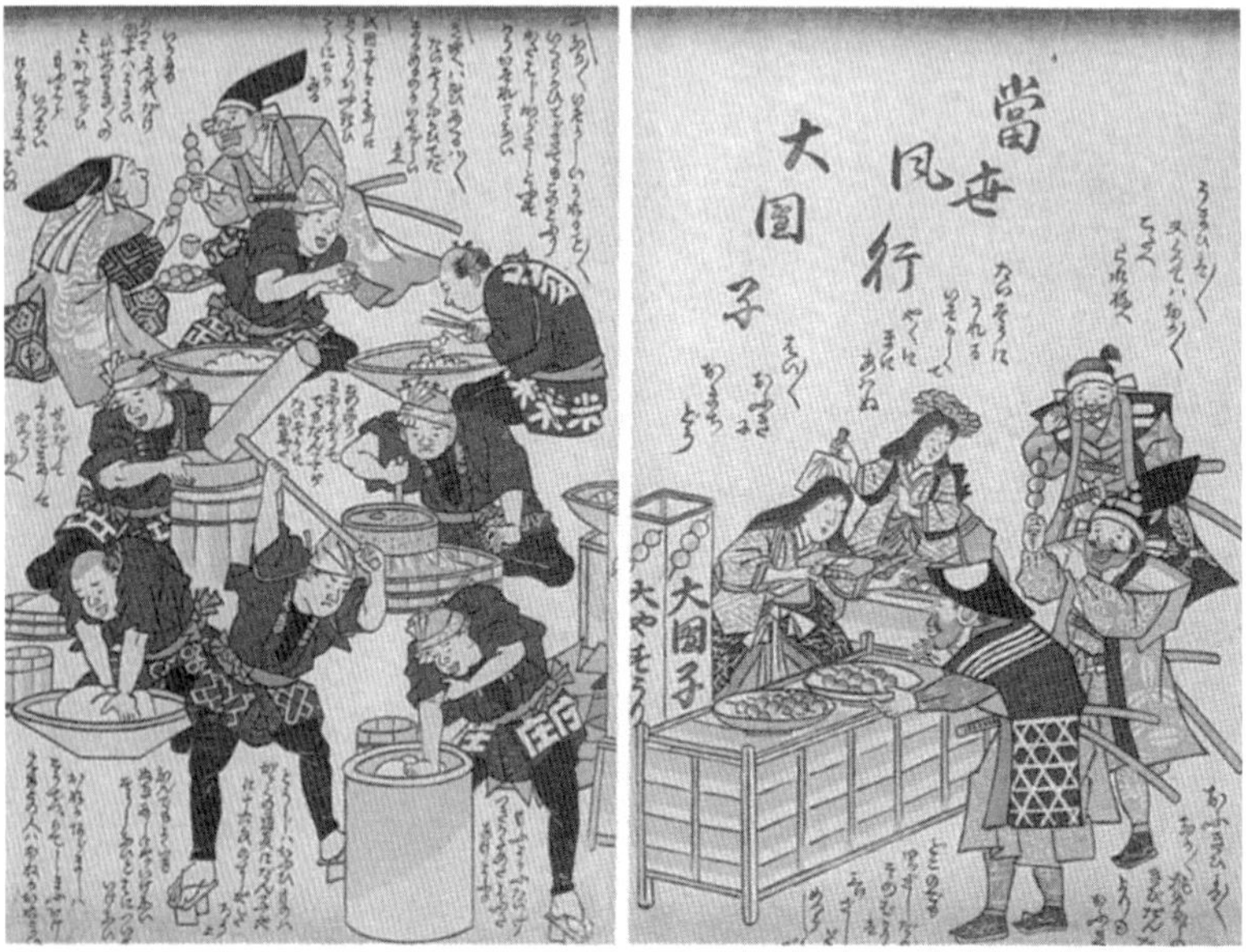

図46　当世風行大団子

（町田市立博物館蔵）

なか〳〵桃太郎のきびだんごよりも、おふきひ」「どこのでも四ツざしだが、こゝのばかりは、三ッざしだ、めつらしひぞ」とある。一串の団子の数が三つなのは、長州藩の家紋(一文字三星)をきかせたのである。

「たいそうにうれる、いそかしくて、やくにまにあハぬ」と団子を焼いているのは静寛《せいかん》院宮《いんのみや》、「はい〳〵おふきに、おまちどう」と売っているのは天璋院《てんしょういん》である。これにたいし図の左側で、汗水たらして団子を作っているのは会津・庄内・米沢などの東北諸藩である。その詞書のなかにも「とうじハ、おふひものハ、がらくの道具にだん子や、四十六文のすしやだろうよ」とある。この図は「織田がつき羽柴がこねる天下餅、すわりしままに食うは徳川」の狂歌や、芳虎画「武者御代の若餅」(嘉永二年刊)が下敷きとなっている。

万民おどろ木

花見に喧嘩はつきものである。「万民おどろ木」(二枚続、無落款。図47)は花見客の酒宴と喧嘩で世相や時勢を風刺したものである。桜の木の下で酒宴を開いているのは薩摩や長州など新政府側の諸藩である。「でふだ、此とをりだ、いくたりきても、おれさま(二)かなうものハなかろう」(長州藩)、「はゞかりながら、うでを見てものをいへ、かた《(肩)》にやにしき《(錦)》の、ほりものかあるハ」(薩摩藩)をはじめ、どゝ一「つよいふりして、さからうよりも、かぜのよいほへつくがよい」(藤堂藩)など思

図47　万民おどろ木

(国立歴史民俗博物館蔵)

い思いに都々逸《どどいつ》をうたったり、たんかを切ったりしている。これにたいして「きにくハねへ」とただ一人喧嘩腰の男は会津藩である。

桜の太い幹には「世の中に金のなる木がふッとでき市中のなん木」と大書してある。そこにはさまざまな言葉が逆さまに書かれて、小枝のようになっている。「江戸ッ子いなかへにげてゆ木」「きんざい（近在）たちの木」「あきなひもな木」「ふださ（札差）しみな戸をひ木」「かねもちむねがどきどき」「ぜにやすでだん〳〵あがるしよし木」といった世相描写がある。

また「だいこハ二タまたにで木」（尾張藩）、「はぎハねづよき」（長州藩）、「こゝろのしれぬ竹（仙台藩）とうめ（加賀藩）の木」、「くに〳〵そうぐ〳〵し木」、「いづれもよいはうへつ木」といった、諸藩の動静を皮肉ったものもある。

小枝のなかには「らうそくハてうて木（会津藩は朝敵の意）」「かみかた（上方）ハひかりかゞや木」といったものもある。これらは当時江戸の他の風刺画には見られない詞書である。

江戸の庶民感情

庶民の政治批判

戊辰のはじめごろの諸藩の動向は微妙なものがあった。藩の浮沈にかかわることであり、それだけに天下の情勢を凝視し、また旧幕府および有力諸藩の動静に注目していた。「流行なぞなぞ尽し」（二枚続。図48）は、画工・板元・刊年はともに不明であるが、戊辰春のころの諸藩の動向を風刺したものと思われる。

流行なぞなぞ尽し

左上隅に蛤《はまぐり》が焼かれ、その煙のなかに城が描かれている。詞書《ことばがき》には「はまぐりとかけて、けむしのすトとく、こゝろハとられてやかれます」とある。蛤（焼蛤）は桑名の名産で桑名藩のことである。同藩は戊辰の正月に政府軍に城を明け渡したが、まもなく原因不明の火事で（放火説もある）城は焼失した。その事実を描いたものである。

図48　流行なぞなぞ尽し

（たばこと塩の博物館蔵）

以下上段の右側をみると、「すゞめをどりトかけて、□のおふくろトとく、こゝろハをちよ〳〵といふ」とあり、仙台藩のことである。「萩とかけて、せうのわるいできものトとく、こゝろハだん〳〵とねがはる」は長州藩。「蔦とかけてしらみととく、こゝろハはいだしたさきでつまゝれた」は藤堂藩である。中段左側の女性には「大こんとかけてかみがたをんなトとく、こゝろハねがふとくてはながやさしい」とある。尾張藩のことであるが、手に持つ大根は二またである。

「ぶたとかけてなかまわれのしたせん人トとく、こゝろハ山にもすまわれぬ」とあるのは徳川慶喜である。山とは上野の山のことで、上野寛永寺を去り水戸におもむいたことをさす。また慶喜は早く豚を食したことから、ブタと蔑称されたのである。「みかんとかけて川もちの大じんトとく、こゝろハ　ミは徳にして川にのうあり」は紀伊藩である。

下段左の「かつをぶしとかけておまつりのうしトとく、こゝろハだしにつかわれる」は土佐藩。「猪口《ちよこ》トかけてうれたたんすトとく、こゝろハ官《かん》つけていづる」は勅使であろう。「うめ花とかけて盛衰記トとく、こゝろハこう(紅)白にさきわける」は加賀藩。「生掛《きかけ》らうそくトかけてあつらへのをびトとく、こゝろハ心《しん》が大じやうぶだ」は会津藩。「後家とかけて禁酒した人トとく、こゝろハおつとをこひしがる」は、天璋院《てんしょういん》と思われる。「くつわ虫とかけて川岸《かし》のひッぱりトとく、こゝろハらうそくをいやがる」は薩摩藩である。なお女性に提灯《ちょうちん》をつきつけている中間風の男は、二本松藩であろう。

右にみたように薩摩藩は「川岸のひッぱり」、長州藩は「せうのわるいできもの」というように、たとえられたものは決してよいものではない。少なくとも好意的なものでないことは明らかである。政府軍側の中心をなす有力諸藩を、江戸庶民はこのような目でみていたのであろう。

偽勅使石川五右衛門

国周《くにちか》の筆になる「善悪鬼人鏡」は揃物の役者絵で、この慶応四年四月から八月にかけての六ヵ月に、約五〇枚ほどの刊行をみた。描かれた人物は歌舞伎や講談、あるいは実録本に登場する盗賊や毒婦・俠客のたぐいが多い。しかもすべてが当時の人気役者の似顔となっているところに特色がある。役者絵には役名か役者名、あるいは衣裳に家紋か替紋を入れるのが普通であるが、この「善悪鬼人鏡」にはそれがない。しかし人物の衣裳の模様などを工夫し、さらに役柄を考慮して当時著名な人物や藩名を暗示して当てさせようとする、いわゆる「判じ絵」となっているのがもう一つの大きな特色である。向井信夫氏の研究（『江戸文芸叢話』）によると、描かれた石川五右衛門（辰五月の改印。図49）は眉墨《まゆずみ》と衣冠で公卿を暗示し、偽勅使として描かれている。

図49　善悪鬼人鏡石川五右衛門

（東京都立中央図書館東京誌料文庫蔵）

左手に持つ錦旗は舞台には関係がなく、おそらく征討を意味するものであろう。顔は訥升《とつしよう》の似顔となっているが、前月の閏四月に輔相に任ぜられた岩倉具視《ともみ》をなぞらえたものであるという。着物の模様は「い」の字で輪をつくり（岩倉の意味）、万一咎められても訥升の家紋であると弁明できるよう工夫されている。三条実美《さねとみ》と並ぶ宮廷勢力の代表者を大盗賊の石川五右衛門と見立てたのはじつに大胆不敵であり、ひそかに喝采する江戸市民も少なくなかったろうと思われる。

長ッ尻な客人

集団強盗の横行

慶応三年（一八六七）の秋ごろから冬にかけて、江戸市中では強盗や辻斬りをはじめ、いろいろ物騒なことが多かった。なかでも武士たちによる集団強盗がはなはだしかった。鉄砲を持ったものが一〇人、二〇人、あるいは三〇人、四〇人と一組になって商家に押し入り、三〇〇〇両、五〇〇〇両、ときには一万両余というように、多額の金銀を強奪した。

十一月ごろより鉞《まさかり》を持って門扉を打ちこわして強奪する鉞強盗が横行した。鹿島屋万兵衛の見聞によると、万兵衛の一軒おいた隣家の玄米問屋伊勢出店に入って、九千数百両を盗んだときは、川岸土蔵の前に一〇人が鉄砲を持って整列し、ところどころに見張りを配置していた。やがて呼子笛の音を合図に、千両箱をかついだ者をなかに取りまいて引きあげていった。「その手配りの行き届けるは、決して普通の草賊《そうぞく》にあらざることはいふまでもなし。世間噂の薩摩強盗と言ひしも無根とは言ひ難きごとし」と、二階格子戸の雨戸を開いて、様子をうかがっていた万兵衛は結んでいる（『江戸の夕栄』）。

右のように市中を大胆不敵に行動する集団強盗に町奉行所は手がでなかった。その集団強盗は薩摩のものであるとか、薩摩藩に雇われたものであるとかいうのが、市中でもっぱらの風評であった。当時二〇歳の幕臣であった塚原渋柿園《じゆうしえん》は「或るとき岡っ引の一人が彼の賊のあとを跟《つ》けて見ると、それが果して芝の薩州の上屋敷へはいったという。さてこそ、と言った」（「卅五年前」『文芸倶楽部』明治三十六年一月）と記している。

保野時中も明治二十七年（一八九四）五月、史談会の席上で、つぎのようにはっきりと言っている。

彼の浅草蔵前の札差《ふださし》伊勢屋には浪人が凡《およ》そ三十人余りも武器を携へて、船で遣って来たさうでござります。此船で来て伊勢屋に押入って殆ど三万円以上を奪って、其船へ強奪した物品共を積んで行つたさうでござります。其船は芝浦に着して、確に浪士浮浪の徒は薩邸内に贓物《ぞうぶつ》を持ち込んださうです、此に至り市中の乱暴浪藉は薩邸に潜伏して居る浪士の所行であらうと云ふ事は探偵上は勿論、殆ど公然に分ったさうでござります……浪士と云ふ者は多くは薩州邸に潜伏して居った、又薩州邸に潜伏して居らないにしろ仮令《たと》ひ外に居らうが、薩州邸内と終始気脈を通じて居ったと云ふ事実は、探偵の結果として現れて居つたさうでござります。（「史談会速記録」四八輯）

右は慶喜の大政奉還により、戦争の口実を失った薩摩藩の、江戸や関東で騒乱をおこさせるための計画であった。密命をうけて江戸に派遣されたのは、益満《ますみつ》休之助と伊牟田《いむた》尚平であり、後方で西郷隆盛らが指令を出していたのである。彼らは幕吏に追われると三田（現、港区）にあった薩摩藩邸をめざして逃げ、なかには途中で捕らわれて斬られたものもある。江戸市中で横行した盗賊のなかには、薩摩藩と関係のない無頼漢もあったであろう。しかし西郷らの江戸関東の攪乱工作の謀略によることは否定できない。そのため被害をこうむった江戸の人々は、薩摩藩に好意を持てるはずはなかった。

時の落首に、

盗みする身で大内へいりこむは　雲井にまごう沖津白浪　薩州

とあるほか、

折て来る花盗人のにくさかな　鹿児島

といった句もある。

盗賊稲葉幸蔵

慶応四年の四月から八月にかけて板行をみた国周《くにちか》の「善悪鬼人鏡」については、「偽勅使石川五右衛門」のところで岩倉具視を風刺したことを述べた。さらに国周は、向井信夫氏の研究によると、「稲葉幸蔵」の衣裳に丸に十字を描いて薩摩をあらわしている（『江戸文芸叢話』）。

稲葉幸蔵とは、義賊として著名な盗賊鼠小僧次郎吉が捕われる約五〇年前に、すでに義賊として江戸で人気があり、義賊の元祖といえる盗賊である。天明四年（一七八四）の春から翌年秋にかけて、江戸で一人の怪盗が現われた。御三卿（将軍一族の田安・一橋・清水の三家）をはじめ、諸大名や多くの幕閣たちの屋敷をつぎつぎに荒しまわった。町奉行所も盗賊改方も、その影さえ捕えることはできなかった。その盗賊の名は稲葉小僧とよばれた。杉田玄白の『後見草』によると、片田舎の生まれであったから田舎小僧といわれていたのが稲葉小僧と聞き誤り、小僧が幸蔵となってやがて呼び名となったという。幸蔵は一橋家へ忍んだおり捕縛されたが、それまで一年半あまりの間に、武家・寺院・町家など二四ヵ所、二七度の盗みをかさねたという。

国周画「善悪鬼人鏡」で幸蔵に扮した役者の大谷友右衛門の家紋もまた「丸に十字」で

ある。万一とがめられても、いいのがれができるよう巧みに逃げ道をこうじている。しかし当時の人々は一見して稲葉幸蔵→盗賊→扮する大谷友右衛門の家紋（丸に十の字の家紋）→薩摩藩（丸に十の字の家紋）、すなわち薩摩藩＝盗賊と解したに相違ない。ここに画工国周ならびに江戸庶民の薩摩藩にたいして抱いていた感情をうかがうことができよう。千両箱を小脇に抱えた盗賊稲葉幸蔵の姿は、幕末の強盗騒ぎと、徳川から天下を奪った二つの意味をかねあらわしたものであろう。

　また向井氏によると、国周画「善悪鬼人鏡」のなかの「梶ノ長兵衛」の着衣の模様は立《たち》沢瀉《おもだか》を模し、毛利家（長州藩）の家紋を寓しているという。梶ノ長兵衛は実録本に登場する人物であり、歌舞伎では「三世相錦繍文章《さんぜそうにしきぶんしょう》」のなかで梶野長庵と書き替えられている。いずれにしても悪の権化のような人物である（前掲書）。ここにも江戸庶民の新政府軍への反感がうかがえよう。

不粋な客

　薩長を中心とする政府軍の江戸入城は、江戸庶民の側からみれば政府軍による江戸占領であり、占領軍の江戸駐留である。江戸庶民に反政府軍の感情があるかぎり、面白いはずがない。このような江戸庶民の気持ちをあらわしたものが「長ッ尻な客人」（二枚続、歌重画、辰八月の改印。図50）である。客の多い料理屋「東楼」

図50 長ッ尻な客人

(国立歴史民俗博物館蔵)

（江戸をあらわす）で長居する不粋な客に、料理屋のおかみたち（天璋院と和宮）が困惑している図である。あまりの長居に我慢できなくなったのか、二人が客の草履の裏に灸をすえたり、箒《ほうき》の先に手拭をかぶせるなどのまじないをして、客の早く帰ることを願っている。その二人の会話は「ほんに〳〵、なかつちりな、きさアナ客しん、はやくかへるように、まちないをしてやりませふ」「さうさ、御客の多いのでわたしたちの居とこて困り升ヨ」とある。図の中央やや左手の壁には「長ッ尻な客しん」と大書してある。

不粋な客として描かれた客の着物には、薩摩・長州・土佐をあらわす籠目などの模様が描かれている。傍で三味線を引く芸者は田安で、詞書には「此けい者も、よんどころなく、てうしを合している」とある。これから料理屋（江戸）に入ろうとする客のなかで、頭とよばれているのは徳川慶喜である。先頭に立って案内を乞うているのは仙台藩、以下順に会津・米沢・庄内の各藩をあらわす模様の着物を着ている。これら東北諸藩の江戸入城の期待をこめたものであろうか。

右にみたように、当時の江戸庶民は江戸に入った政府軍にたいして好意的ではなかった。なかでも風刺画でみるかぎり、薩摩・長州の両藩についで尾張藩や彦根藩にたいしては辛辣なものがある。たとえば「人こゝろ浮世のたとへ」（二枚続、歌重画、辰九月の改印。図

図51　人こゝろ浮世のたとへ

(国立歴史民俗博物館蔵)

51）では、図中央で「だれだとおもふヱ、つがもねへ」と大威張りなのは「とらのいをかりてりきむ人」とあり、着物の大根の模様から尾張藩であることを示している。その右下で「ながく〱えらうおんにあいなりまして、ありがたくそんし□（ます）」といっているのは「おんを仇でかへす人」である。着物の紋は片仮名の「ヒ」と「コ」の組みあわせであるから彦根藩を意味する。

前者は御三家の一つであるのに政府軍よりであるとみられたこと、後者は譜代大名の筆頭の家柄であるにもかかわらず早くより政府軍側に味方したためである。それは当時の落首・落書の類にも多くみられるところである。

いきな彰義隊

徳川慶喜は将軍職に就任する以前は一橋家にあったが、そのころよりの旧臣たちが中心となって、二月より会合を重ねていた。それは慶喜の屈辱をそそごうとするもので、人数はしだいに増加し隊名も彰《しょう》義《ぎ》隊《たい》と定めた。はじめは浅草本願寺を屯所《とんしょ》としていたが、のち慶喜の護衛と称して屯所を上野に移した。江戸開城に不満な旗本や御家人、それに諸藩士の参加する者も多く、閏四月ごろには総数二〇〇〇人あるいは三〇〇〇人といわれた。懐古談にはつぎのようにある。

（彰義隊は）みんなすその方のつぼんだ義経《よしつね》袴《ばかま》に水色がかったぶっちゃきの羽織を着

て山中諸院に屯《たむろ》し、朱鞘《しゅざや》をさしている者が多くて、これが足駄《あしだ》をはいては威張って歩いた。

どうせ戦いになれば命はないものと思っているから、毎夜のように吉原へ通う、金の使いッぷりの綺麗《きれい》なのと、江戸っ児が多いのでひどくもてた。「情夫《いろ》に持つなら彰義隊」という言葉が廓内《くるわない》にあった。その反対に官軍の兵隊はこの方面ではひどく嫌われた。（東京日日新聞社会部編『戊辰物語』）

その時分の彰義隊はもう明日にも知れない生命だというので、毎日盛んに吉原へ出かけたものです。すると吉原の花魁《おいらん》たちが彰義隊を歓迎して、「彰義隊を情人《いろ》に持たぬは女郎でない」というほどに騒いだものでした。もちろん官軍はその反対にいやがられて、花魁たちに情《つれ》なくされるし、またときどきに彰義隊の連中に斬られたりしたこともありました。（同好史談会編『史話明治初年』）

このような世相を背景として、同年閏四月の改印で三世広重画「くるわのいきぢ」（二枚続、図52）がある。そこには上方の客に肘鉄《ひじてつ》をくわせる花魁の姿を描いている。その詞書には「ナンダイあんないけすかネへ客じんヲみるもいやだよ、ナニひといめにあわせるトヱ、ヘンできるものならしてごらん、わチキのからだハ、あいさんニまかしてありんす

図52　くるわのいきぢ

（東京都立中央図書館東京誌料文庫蔵）

よ」と啖呵《たんか》をきっている。情夫のあいさんとは、いうまでもなく会津藩のことである。ふられた客人は「わしちやてゝ、春に東へきて、そないナことといわれて、このまゝにをくものかへ、とひやうもないめに、あわせるサカイ、おぼへてしやう」と口惜しがっている。

その客人たちの着物には政府軍側諸藩をあらわす家紋などの模様がいくつも描かれてある。

「錦ぎれ取り」の腹いせ

官軍もつまらないいいがかりをつけてよく町人を斬った。抜き身で二町も三町も追いかけられて余りこわいので知らない家へ飛び込むと、それなり玄関で絶命したなどという話はざらにある（前掲『戊辰物語』）。

つぎの大総督府の令達は、右の懐古談が決して誇張でないことを物語るものであろう。

……但《ただし》町家ェ立入不可言《いうべからざる》之《の》振舞《ふるまい》有之《これあり》候《そうろう》趣《おもむき》相聞《あいきこえ》候《そうろう》、官軍下々之モノニモ自然心得違有之候。（閏四月十五日『東海道先鋒記』六、国立公文書館内閣文庫所蔵）

新政府軍が江戸の無血入城におごり、士気が弛緩していたことは否定できない。

（官軍は）肩へ錦の布《きれ》をつけているので「錦《きん》ぎれ」と呼び、いったいにひどく毛嫌いした。両国の巾着《きんちやく》切りでこの錦ぎればかりをするものがあった。隼《はやぶさ》のような男で官軍が血まなこで捕えようとしたが駄目で、毎日毎日これをよくすった。

そのうちとうとう神田の筋違い見附《みつけ》（万世橋）で捕えられた。懐《ふところ》中に五十幾枚持っていて江戸っ子の胸のすくような大きな啖呵を切ってそこで斬られてしまった。

彰義隊の中《うち》にも腕の出来る武士で喧嘩を仕かけてはこれを奪う者があって、これを「錦《きん》ぎれ取り」といって「どこそこでまた取ったそうだ」などと江戸っ児は大いにこれを喜んだ。（前掲『戊辰物語』）

八百屋・魚屋のボイコット

江戸は約三〇〇年もの間、徳川氏の城下町であったため、徳川びいきであったのは人情のうえからも自然であろう。幕臣（根来《ねごろ》百人組の与力）の子であった塚原渋柿園は、慶喜が鳥羽・伏見で敗北し、江戸に逃げ帰ったことを聞くと、

唯だ最《も》う夢心地に、宅へ飛帰つて「御母《おつか》さん恁様《こう》ですと！」と次第を話すと、母は聞くなり忽ち涙をはら〳〵と零《こぼ》した。私の母は恐ろしい勝気《かちき》な人で、幕府の事を悪くでも云ふと泣いて怒《おこ》つた人、非常に権現様贔負《びいき》でありました。（塚原、前掲書）

とある。幕臣でもない一般の江戸庶民も反政府軍の感情を抱き、徳川氏には同情的であった。塚原の懐古談にも、

近ごろ或る一二の小説などを見ますると、彼の当時《とき》の事情と全《まる》で反対した事が書いてある。例へばあの時徳川氏の旗本家人で「朝臣」と云ふになつた人達を、何か非常に

抜擢《ばってき》でもされた、栄典でも蒙《かふ》むつたやうに云つてある。其実右は正反対で、あの時朝臣になった者をば官軍の方でも余り珍重せぬ、況《まし》て其の世間からは非常に妙な悪感情を持ちましてね、——詰りは「開化《ひらけ》ぬ」といふ話でせうが、魚屋八百屋でも其の屋敷には物も売らぬと云ふやうな有様もあったです。で其の又た当人も其の当時は人にも面会《あわ》ず、偶《たまたま》会《あ》へば赤面してね、私共も駿河《あちら》へ御供もしたいですが、家内に此れ〳〵の難義があるとか、親類に云々《しかじか》の苦情が出たとかで、誠に残念ながら、実に、余義《よぎ》なく……とか揉手《もみで》をしてね。謝《あやま》つてゐた位ゐでしてね、中々天朝の御直参《じきさん》になつたからとて、威張返って意気揚々の得々《とくとく》のどころの次第では無いのでした。（塚原、前掲書）

とある。旧幕臣が政府軍側に雇われると、近所の魚屋や八百屋といった武家でもない庶民、それも商売人からも嫌われたという徳川びいきの世相であったことが知られる。したがって五月に彰義隊が敗北すると、以後は市中の噂はもっぱら東北戦争に集中したようである。

当時の新聞雑誌は、

多くは見て来たやうな虚構《うそ》ばかり吐《つ》いて、会津や脱走が勝つたと書かねば売れぬと云《い》ふので、其の記事には奥羽軍は連戦連勝、今にも江戸へ繰り込むやうな事のみ書いて

図53　子供遊どろ合戦

（東京都江戸東京博物館蔵）

ゐた。（塚原、前掲書）

とある。これも当時の江戸で反政府軍、親徳川の気風が強かったことをあらわすものであろう。

江戸ッ子負けるな負けるな

戊辰戦争を子供遊びに仮託したいわゆる「子供遊絵」の一つに、歌重画「子供遊どろ合戦」（二枚続、辰七月の改印。図53）がある。雪合戦のように、雪でなく泥を固めて投げあうのであるが、右手の蔵の白壁には「江戸ッ子」「まけるな〳〵」とある。当時会津藩を中心に奮戦する東北諸藩に好意を抱き、声援を送る江戸庶民の心情を巧みに表現したものであろう。この絵はまた世相風刺に期待感をこめ、また販売数を考慮したものかもしれない。しかし当時の江戸には、心情的に徳川びいきの人々が少なくなかったことを示すものであろう。

徳川家への同情は、慶喜のあと徳川家をついだ田安亀之助（のち家達）についても、同じ感懐が持たれたようである。同年九月歌重画「人こゝろ浮世のたとへ」（図51）左上の「風に柳とうけている人」の着物の裾には、田安家をあらわす「田」の文字が描かれている。その詞書には「気にいらぬ風もあらふに柳かな」とある。玉斎画「大会狂俳点句」（二枚続、辰五月の改印）にも、羽織に大きく「田」の文字をつけた武士の扇も同様に「気に入らぬ、風もあろふに柳かな」の句が書かれているのである。なお田安亀之助が徳川家の相続を許されたのは閏四月二十九日である。

あとがき

最初の「維新の風刺画」（四〜七頁）でふれたように、当時風刺画の大半は江戸で刊行をみたものである。板元・画工、そして購売者はともに江戸の庶民である。したがって、そこには「江戸庶民」の心情や嗜好といったものが、大きく反映しているといえよう。本書は上方絵にも配慮したが、現存するものが少なく、そのため大半は江戸の風刺画にページをさくこととなった。

慶応四年（一八六八）正月、京都の近郊鳥羽・伏見の戦で幕府軍は敗北した。それは三〇〇年近く続いた徳川政権が、一朝一夕にして「賊軍」「朝敵」の汚名を浴びる結果となった。政府軍は一気に進撃し、三月には江戸に入った。幕府はもろくも倒壊したのである。当時の江戸の庶民にとってはまさに「寝耳に水」であり、その驚きと困惑は大きかった。当時の風刺画は右のような庶民の心情と、混乱する世相を鋭く描いている。当時の人心の動向を知る有力な資料であり、公的な文書ではうかがい難い歴史のひだと社会の実相を文字どおり描写して、歴史的理解を容易にしてくれる。「絵」であるため具体的でわかりやすく、説得力があるといえよう。

本書で紹介した風刺画の系統は、現代の「政治漫画」につらなるものであろう。漫画は世界の共通語であって、その影響力は少なくない。わずか一〇〇余年前の幕末維新期に出現した数々の風刺画のなかには、現代でも通じる傑作がある。少し手を加えれば、今日でも立派に通用するものが少なくないことは容易に気付かれよう。政治批判なくして政治の改善・進歩はありえないことを思うと、風刺画の持つ現代的意義は大きい。

また当時の風刺画には、笑いをさそうユーモア性に富むものが少なくない。着想、表現のアイデア、そして風刺の針を巧みにユーモアでくるむ手法は、とても一〇〇年以前とは思えないものが多い。本書は当時の風刺画の政治的・社会的背景の理解に役立ち、より一層深く風刺画の持つ意味を理解する一助となれば幸いである。

執筆にあたり、多数の著書や先行論文から多くの学恩をうけた。鈴木重三先生をはじめ、多くの方々から貴重なご教示を得た。改めてあつく御礼を申しあげたい。また貴重な風刺画や文献を所蔵する諸機関からは、閲覧ならびに掲載許可をいただいた。さらに吉川弘文館編集第一部の大岩由明氏・杉原珠海氏をわずらわせることが多く、本書の先行書である『江戸の風刺画』（歴史文化ライブラリー22）に続いてご苦労をおかけした。併せ記してお礼を申しあげたい。

一九九八年一一月

南　和　男

著者紹介
一九二七年、大阪府に生まれる
一九五一年、国学院大学文学部国史学科卒業
一九九八年、駒沢大学定年退職、文学博士
主要著書
幕末江戸社会の研究　江戸の社会構造　江戸の風刺画　幕末江戸の文化

歴史文化ライブラリー
60

幕末維新の風刺画

一九九九年二月一日　第一刷発行

著者　南《みなみ》　和《かず》男《お》
発行者　吉川圭三
発行所　株式会社　吉川弘文館
東京都文京区本郷七丁目二番八号
郵便番号一一三―〇〇三三
電話〇三―三八一三―九一五一〈代表〉
振替口座〇〇一〇〇―五―二四四
印刷＝平文社　製本＝ナショナル製本
装幀＝山崎　登（日本デザインセンター）

歴史文化ライブラリー

1996.10

刊行のことば

現今の日本および国際社会は、さまざまな面で大変動の時代を迎えておりますが、近づきつつある二十一世紀は人類史の到達点として、物質的な繁栄のみならず文化や自然・社会環境を謳歌できる平和な社会でなければなりません。しかしながら高度成長・技術革新にともなう急激な変貌は「自己本位な刹那主義」の風潮を生みだし、先人が築いてきた歴史や文化に学ぶ余裕もなく、いまだ明るい人類の将来が展望できていないようにも見えます。このような状況を踏まえ、よりよい二十一世紀社会を築くために、人類誕生から現在に至る「人類の遺産・教訓」としてのあらゆる分野の歴史と文化を「歴史文化ライブラリー」として刊行することといたしました。

小社は、安政四年(一八五七)の創業以来、一貫して歴史学を中心とした専門出版社として書籍を刊行しつづけてまいりました。その経験を生かし、学問成果にもとづいた本叢書を刊行し社会的要請に応えて行きたいと考えております。

現代は、マスメディアが発達した高度情報化社会といわれますが、私どもはあくまでも活字を主体とした出版こそ、ものの本質を考える基礎と信じ、本叢書をとおして社会に訴えてまいりたいと思います。これから生まれでる一冊一冊が、それぞれの読者を知的冒険の旅へと誘い、希望に満ちた人類の未来を構築する糧となれば幸いです。

吉川弘文館

〈オンデマンド版〉
幕末維新の風刺画

On Demand
歴史文化ライブラリー
60

2017年（平成29）10月1日　発行

著　者　南《みなみ》　和《かず》男《お》

発行者　吉川道郎
発行所　株式会社　吉川弘文館
〒113-0033　東京都文京区本郷7丁目2番8号
TEL　03-3813-9151〈代表〉
URL　http://www.yoshikawa-k.co.jp/

印刷・製本　大日本印刷株式会社
装　幀　清水良洋・宮崎萌美

南　和男（1927～）

ISBN978-4-642-75460-6